Cristiano Cavina

Die Pizza-Philosophie

Italienische Anleitung zum Glücklichsein

*Aus dem Italienischen
von Julika Betz*

btb

Die italienische Originalausgabe erschien 2014
unter dem Titel »La pizza per autodidatti«
bei Marcos y Marcos, Mailand.

MIX
Papier aus verantwor-
tungsvollen Quellen
FSC
www.fsc.org
FSC® C014496

Verlagsgruppe Random House FSC® N001967

1. Auflage
Deutsche Erstveröffentlichung Juli 2016
Copyright © der Originalausgabe 2014 by Marcos y Marcos
published by arrangement with book@LitAg
Copyright © der deutschsprachigen Ausgabe 2016 by btb Verlag
in der Verlagsgruppe Random House GmbH,
Neumarkter Str. 28, 81673 München
Umschlaggestaltung: semper smile, München
Umschlagmotiv: © shutterstock/martiapunts; Cat_arch_angel
Satz: Uhl + Massopust, Aalen
Druck und Einband: GGP Media GmbH, Pößneck
MR · Herstellung: sc
Printed in Germany
ISBN 978-3-442-71383-7

www.btb-verlag.de
www.facebook.com/btbverlag
Besuchen Sie auch unseren LiteraturBlog www.transatlantik.de!

*Dieses Buch wäre nie zustande gekommen, gäbe es
nicht meinen Onkel: Antonio Norrito, Inhaber der
Pizzeria »Il Farro« in Casola Valsenio, via Roma 76/A,
Tel.: +39-0546-76007, geöffnet Mittwoch bis Montag,
Dienstag Ruhetag; alle Pizzas auch zum Mitnehmen.
(Besser, ich gebe alles an, sonst regt mein Onkel sich gleich
wieder auf.)
Seit fast fünfundzwanzig Jahren schlage ich mich nun
schon mit meinem Onkel herum – außer dienstags, da
ist Ruhetag. Er besitzt eine Menge Charakterschwächen,
ist ein verdammter Dickschädel und vielleicht etwas zu
direkt, wenn es darum geht, seine persönlichen Ansichten
zum Besten zu geben; gleichzeitig ist er aber auch ein
couragierter Mann, der sich sein berufliches Umfeld
geschaffen hat, ohne jemals um etwas zu bitten oder
etwas einzufordern. Mir hat er das Nutzlichste und
Sinnvollste mitgegeben, was ein Erwachsener einem
Kind geben kann: Er hat mir einen Beruf beigebracht.
Daher widme ich dieses Buch meinem Onkel Antonio
Norrito, Inhaber der Pizzeria »Il Farro« in Casola
Valsenio, via Roma 76/A usw.*

INHALT

Murphys Gesetz für Hobbypizzabäcker   9

Pizza – Die Geschichte einer
besonderen Liebe   15
   Wer bin ich?   33

Praktisches Handbuch für Hobbypizzabäcker   43
   Kurzes Glossar der Fachbegriffe
   (um bei den Gästen Eindruck zu schinden)   47
   Der Ofen   51
   Der Teig   79
   Das Ziehen (oder Ausziehen) der Pizza   110
   Der Pizzabelag   117
   Das Einschießen der Pizza   137
   Das Backen der Pizza   142
   Servierfertig   148

Einige Pizzaideen   149
   Pizzas mit Kräutern und Gewürzen   151
   Speleologenpizzas   165

Noch mehr Pizzas   174

Die original neapolitanische Pizza (g.t.S)   192

Süße Pizzas   196

Süße Pizzas mit vergessenen Obstsorten   201

Traktat von der Psychologie der Pizza   207

Anekdoten aus dem Leben eines Pizzabäckers
(wenn er da ist)   239

Die Eröffnung der Pizzeria »Il Farro«   241

Was ein Pizzabäcker alles erlebt –
wenn er da ist   251

Ein Pizzabäcker gegen Sandokan   258

Der Pizzabäcker und die Nobelpreisträgerin 266

Schicksal   275

MURPHYS GESETZ
FÜR HOBBYPIZZABÄCKER

Du bist grundsätzlich zu spät dran.

Auch wenn du sie noch so intensiv anstarrst – die Pizza wird deshalb nicht schneller fertig.

Starrst du sie nicht an, verbrennt sie.

Hat dein Ofen während des Backvorgangs zu wenig Hitze, bewegen sich die Zeiger der Uhr keinen Millimeter von der Stelle.

Bist du zu spät dran, bleibt die Zeit im Inneren des Ofens stehen. Für die hungrigen Gäste hingegen rast sie nur so dahin.

Ist die Pizza trotz niedriger Temperatur endlich fertig, stellst du mit einem Blick auf den Kalender fest, dass Jahre vergangen sind. Spinnweben ziehen sich über Uhr und Wand, deine Kinder sind inzwischen erwachsen und verheiratet. Ständig steht ein nervender Winzling im Weg, der dich Opa nennt, während du dich nur noch daran erinnern kannst, was du dir zuletzt vorgenommen hattest: »Die Temperatur ist zwar nicht optimal, aber für zwei *Margheritas* wird es schon reichen …«

Klappt alles wie am Schnürchen, ist niemand da, der das merken könnte.

Doch kaum zeichnet sich auch nur das geringste Problem ab, taucht wie aus dem Nichts ein schadenfroher Zuschauer an deiner Seite auf.

Immer dann, wenn es dringend ist, will das Brennholz nicht zünden.

Kannst du es kaum erwarten, einen neuen Belag auszuprobieren, will niemand ihn haben.

Beschließt du aber, ihn von der Karte zu nehmen, schreien alle danach.

Ist ein Belag ausgegangen, egal welcher, kannst du sicher sein, dass die Gäste genau nach diesem einen fragen.

Willst du jemandem mit der Pizza imponieren, die dir am besten gelingt, geht ausgerechnet dann alles schief, was nur schiefgehen kann.

Grundsätzlich mögen alle Menschen Pizza. Die Person, die sie zubereitet, jedoch eher selten.

Dem Pizzabäcker wird grundsätzlich erstmal mit Skepsis begegnet.

Grundsätzlich sind alle Menschen der Überzeugung, wir Pizzabäcker verfolgten nur ein einziges Ziel: ihnen den Abend zu verderben.

Steht das Bestellte nach fünf Minuten immer noch nicht auf dem Tisch, verhalten sich alle Gäste grundsätzlich so, als säßen sie auf dem elektrischen Stuhl.

Machst du einen auf Angeber, fällst du gnadenlos durch.

Redet euch bloß nicht ein, ihr könntet einen Menschen allein durch Pizza glücklich machen.

Lasst euch nicht unterkriegen: Fehler gehören nun einmal zum Leben.

PIZZA –
DIE GESCHICHTE
EINER BESONDEREN LIEBE

Mit dem Pizzabacken verhält es sich ähnlich wie mit der Liebe: Es muss einem leichtfallen.

Wenn du merkst, dass es dich Mühe kostet, stimmt etwas nicht.

Was mich angeht, lag es immer ausschließlich an mir, wenn es in einem dieser beiden Bereiche nicht klappte, doch ich war ein zu unruhiger Geist und immer viel zu sehr mit anderen Dingen beschäftigt, um mir das wirklich einzugestehen.

Das Rezept für die perfekte Liebe werde ich vielleicht nie ergründen, doch wie man eine gute Pizza zustande bringt – das zumindest habe ich inzwischen raus.

Es ist noch kein Meister vom Himmel gefallen, und bei einigen Dingen braucht es eben seine Zeit, bis wir sie kapieren.

Als ich vor zwanzig Jahren das Pizzabacken erlernte, war ich ein Grünschnabel und ganz sicher nicht der Hellste.

Die Pizza verfolgte mich sogar in meine Träume.

Ich war überzeugt davon, dass die Teigkugeln

ihre Nächte damit zubrachten, sich Streiche auszudenken. Jeden Tag gelang es ihnen aufs Neue, mich reinzulegen und vor den anderen bloßzustellen.

Bei meinem Onkel Antonio genügten fünf Bewegungen mit dem Teigroller und der Boden hatte seine kreisrunde, flache Pizzaform.

Bei mir lag nach langem Abmühen unter meinem Nudelholz nichts weiter als ein quadratischer Teigklumpen, der seitlich schräg nach oben abstand. Meine Pizzas sahen aus wie Sprungschanzen.

»Das ist das erste Mal, dass ich eine eckige Pizza esse«, gestanden meine Gäste.

Wollte ich den Boden mit Tomatensauce bestreichen, landete sie überall, nur nicht dort, wo sie hinsollte, und wenn es Zeit war, die Pizza einzuschießen, weigerte sie sich, den Bewegungen meiner Pizzaschaufel zu folgen: Der Boden war festgeklebt, und jeder Versuch, ihn loszulösen, war zwecklos.

Ich hatte das Gefühl, es mit Tapetenkleister zu tun zu haben und nicht mit Mehl.

Als Erstes versuchte ich mich an einer Pizza, die in unserer Speisekarte den Namen *Trikolore* trägt: ein mit etwas Öl kurz im Ofen angebackener Boden, der mit frischen Tomaten, Mozzarella und Basilikum belegt wird.

Eine relativ leichte Pizza; man musste nur einmal pusten, und schon schwebte sie durch die Lüfte.

Mit Schwung schaufelte ich den Teig auf den Pizzaschieber und staunte, dass es so einfach geklappt hatte.

Diese Pizza war tatsächlich leicht wie eine Hostie.

Nach drei Wochen, die ich nun schon in der Pizzeria arbeitete, konnte ich zum ersten Mal wieder lächeln. Lang genug hatte es gedauert. Denn das Lachen war mir bereits am ersten Arbeitstag vergangen.

Plötzlich freute ich mich wie ein Schneekönig, und mich durchströmte ein Glücksschauer, wie man ihn empfindet, wenn man zum ersten Mal etwas ganz automatisch tut, von dem man gar nicht wusste, dass man es überhaupt kann.

Dann versuchte ich, die Pizza in den Ofen gleiten zu lassen, indem ich mit dem vorderen Schaufelrand leicht gegen den Steinboden stieß, so wie mein Onkel es mir gezeigt hatte.

Als beim vierten Stoß noch immer nichts passierte, gefror mir das Lächeln im Gesicht. Ich musste mich ordentlich anstrengen, weiter zu grinsen, um nicht aufzufallen.

Meine *Trikolore* wollte beim besten Willen nicht von der Schaufel rutschen.

Ich fühlte das Glühen meiner erhitzten Wangen. Meine Kiefermuskeln begannen zu krampfen, und mir brach der Schweiß aus. Die Gäste glotzten mich schon alle an. Überhaupt das ganze Lokal starrte auf mich. Ich konnte ihre Blicke in meinem Rücken regelrecht spüren, dazu musste ich mich nicht mal umdrehen.

Das kennt man ja, kaum läuft etwas schief, sind alle Scheinwerfer auf einen gerichtet.

Wie wild hieb ich mit der Pizzaschaufel gegen den feuerfesten Stein. Die Gäste dachten vermutlich, ich würde mindestens einen Mammutbaum fällen. Noch immer hatte ich dieses Grinsen im Gesicht, doch nun ähnelte es eher einer Gesichtslähmung.

In meiner Verzweiflung versetzte ich dem Pizzaschieber einen letzten, etwas stärkeren Stoß, in der Hoffnung, die Pizza irgendwie runterzubekommen. Der Teig blieb, wo er war, ohne sich auch nur einen Zentimeter von der Stelle zu bewegen, der Belag hingegen gab meinem Stoß nach: Er flog als kompakte Masse in den Ofen, wo er lustig vor sich hin brutzelte.

Sogar der Pizzabelag hatte es auf mich abgesehen.

So oder so ähnlich endete es jedes Mal.

Ich hatte beim Pizzabacken einfach kein Glück.

Und fabrizierte eine Katastrophe nach der anderen, genau wie bei den Frauen. In Liebesdingen war ich nicht gerade eine Leuchte, vielleicht weil ich noch nie richtig verliebt gewesen war.

Ohnehin hatte ich den Beruf des Pizzabäckers nicht selbst gewählt. Das mit der Pizza und mir war am Anfang eher so etwas wie eine arrangierte Ehe. Eine Geschichte, wie man sie aus Teenagerzeiten kennt, wenn du mit einem Mädchen gehst, nur weil deine Schulkameraden auf dich eingeredet haben, dass du sie doch endlich fragen sollst.

Hinter meinem Rücken hatte das Schicksal alle Hebel in Bewegung gesetzt, um mir zu einem Onkel mit Unternehmergeist zu verhelfen.

Ja, das Schicksal war sogar so weit gegangen, Antonio Norrito, besagten geschäftstüchtigen Onkel, in Tunesien aufzustöbern, wo er als Sohn sizilianischer Immigranten zur Welt gekommen war.

Es ist schon erstaunlich, welche Umwege das Schicksal nehmen muss, damit bestimmte Dinge in unserem Leben überhaupt erst möglich werden.

Als mein zukünftiger Onkel Norrito zehn war, zog seine Familie von Tunis nach Rom, wo sein Vater, Don Raffaele, einen kleinen Laden eröffnete, in dem er Schuhe reparierte und Mofa-Zündspulen neu aufwickelte.

Sein Laden trug keinen Namen, denn es gab keinen zweiten seiner Art, der diese beiden Dienstleistungen miteinander zu verbinden verstand.

Doch so leicht lässt das Schicksal sich nicht abschütteln. Selbst in Rom machte es Antonio Norrito ausfindig, hielt ein wachsames Auge auf ihn, während er langsam erwachsen wurde, und behielt ihn auch dann noch im Blick, als er Rom den Rücken kehrte, um als Schichtarbeiter auf den neuen Bohrinseln vor Ravenna anzufangen, wo man Erdgas aus den Tiefen der Adria förderte.

Seine freien Wochen verbrachte er in den Tanzlokalen von Marina di Ravenna, und selbst bei diesem Trubel harrte das Schicksal ungerührt aus wie ein stummer Türsteher.

In Marina di Ravenna ging auch Mariangela Cavina, genannt Bella, tanzen, die ältere Schwester meiner Mutter.

Das Schicksal wollte es, dass die beiden sich ausgerechnet dort trafen und ineinander verliebten.

Ich war eineinhalb Jahre alt, als die beiden heirateten.

Antonio Norrito wurde bei der SIP angestellt und zog erneut für vier Jahre nach Rom, bis er schließlich, einer Eingebung seines noch immer unausgereiften Unternehmergeistes folgend, kündigte. Er entschied, sich mit Sack und Pack in der Romagna niederzulassen: in Casola Valsenio. Damit war meine Zukunft besiegelt.

Frisch aus der Hauptstadt angekommen versuchte er sein Glück zunächst mit einer Schweinezucht.

Er konnte nicht wissen, was für ein grandioser Geschäftspartner ihm in Gestalt meines Großvaters Giovanni Cavina, genannt Gianì, beschert werden sollte.

Gemeinsam betrieben sie die Schweinezucht. Und scheiterten hoffnungslos, dank Großvater Gianì, in dessen Händen sich, ganz im Gegensatz zu König Midas, nicht alles, was er anpackte, in Gold verwandelte, sondern – wie soll ich sagen – in das genaue Gegenteil von Gold; etwas, das man nicht in den Kellern von Banken deponiert, sondern in den Tiefen einer Kloschüssel.

Die wenigen Ersparnisse, die beim Fiasko mit der Schweinezucht nicht draufgegangen waren, investierte Onkel Antonio in den Erwerb einer Lizenz zum Gabelstaplerfahrer: Ihm war eine Festanstellung versprochen worden, sobald er eine entsprechende Fahrgenehmigung nachweisen konnte. Die Zusage hatte ihm einer der obersten Chefs des Bauunternehmens VIC gemacht, das damals gerade im Industriegebiet von Casola an der Errichtung einer riesigen Fabrikanlage zur Herstellung von Gipsplatten beteiligt war.

Man schrieb das Jahr 1984, und das heutige Industriegebiet von Casola war nicht mehr als ein von Pfirsichbäumen und Rebstöcken gesäumtes Asphaltrechteck.

Als mein Onkel seine Lizenz schließlich in Händen hielt, musste er feststellen, dass die versprochene Stelle inzwischen anderweitig vergeben worden war.

Ich glaube, dies war der Moment, da der Unternehmergeist endgültig von ihm Besitz ergriff. Er schwor sich, nie wieder für jemand anderen zu arbeiten. In Zukunft würde er nur noch sein eigener Chef sein.

Er schleuderte seine Gabelstaplerlizenz in die nächstbeste Hecke, und als Tircheo sein Lokal »Bar di Sopra« zum Verkauf anbot, sprach Onkel Antonio bei allen Bankfilialen der westlichen Romagna vor, um einen Kredit zur Finanzierung der Schanklizenz zu beantragen.

Niemand wollte ihm diesen Kredit bewilligen – außer Barone Maurizio Isola, Filialleiter der »Credito Cooperativo« in Casola, der seit fünfzehn Jahren keinen Abend ausließ, um in besagtem Lokal von 18.20 Uhr bis 18.40 Uhr Großvater Gianì beim Kartenspiel abzuziehen.

Man spielte um Kaffee. Und niemand hat jemals den Barone einen einzigen Kaffee zahlen sehen.

Wer weiß, vielleicht entsprach die Höhe des von ihm bewilligten Kredits in etwa dem Betrag, den mein Großvater all die Jahre über beim Kartenspiel an ihn verloren hatte.

1986 wurde die »Bar di Sopra« neu eröffnet.

Es war ein ungewöhnliches Lokal, das sich über zwei Stockwerke und ein Kellergeschoss erstreckte.

Neben und hinter dem Gebäude lag der Kinosaal der Pfarrgemeinde.

Im Untergeschoss gab es außer einer schalldicht gepolsterten Telefonzelle, die an die Isolierzelle einer psychiatrischen Anstalt erinnerte, eine lange Holzbohle, die an der Wand festgeschraubt war.

Im Erdgeschoss befand sich der eigentliche Gastraum mit seiner langen Teakholztheke und einer Handvoll treuer Stammgäste, die sich an ihre Weingläser klammerten, während es im ersten Stock bis auf die sanitären Anlagen und einen Kamin rein gar nichts gab – abgesehen von vergilbten Fotos an den Wänden, die Italien als WM-Sieger 1934 und 1938 zeigten.

Im Untergeschoss brachte mein Onkel die Lampen in Ordnung und stellte Tische auf; den ersten Jugendlichen, die das Lokal betraten, drückte er Dosen mit Lackfarbe in die Hand und erteilte ihnen die Erlaubnis, die Wände nach Belieben zu beschmieren.

Für den ersten Stock organisierte er Billardtische, Spielautomaten und Flipper.

Das Lokal schloss nun erst spät in der Nacht und öffnete schon am frühen Morgen, wenn die

Jäger und Pilzsammler, die das ganze Jahr über die Gegend aufsuchten, bereits wach waren.

Mein Onkel führte Toast in Casola ein und die für Rom typischen *Tramezzini*, die unsere Art zu frühstücken revolutionierten.

Zwischen 1988 und 1990 war die »Bar di Sopra« ständig überfüllt, sodass es schwierig war, überhaupt einen Platz zu ergattern. Sie war zum Treffpunkt der Dorfjugend geworden. Mein Onkel und sein Barmann Tatulli verbrachten ihre Zeit damit, immer neue Bierfässer aus dem Lager heraufzuschleppen.

Im Sommer half ich immer aus. Normalerweise übernahm ich gemeinsam mit Tatulli die letzte Schicht. Samstags wurde es oft drei Uhr morgens, bis wir mit Putzen fertig waren und endlich abschließen konnten. Gegen halb vier waren wir bereits in Faenza, wo wir im »Spaghetti Notte«, das durchgehend geöffnet hatte, noch schnell einen Happen aßen, dann fuhren wir weiter nach Ravenna, zum »Saint Louis«, einem Stripperclub, in den Tatulli mich einschleuste, indem er mich als seinen achtzehnjährigen Neffen ausgab.

Damals war ich vierzehn und noch Ministrant.

Sonntags um neun stand ich schon wieder hinter dem Altar und tat meinen Dienst als Messdiener. Ich wusste nichts von der Welt und erst recht nicht, was ich später mal werden wollte, hin- und hergerissen wie ich war zwischen Stripperinnen und sonntäglichen Predigten.

Irgendwann verlegte die Dorfjugend schließlich ihren Treffpunkt in eines der anderen neun Lokale von Casola, auch deswegen, weil mein Onkel mit der Zeit seiner Funktion als Barbetreiber überdrüssig geworden war, besonders ab dem Moment, als ihm aufgefallen war, dass es in Casola nur eine einzige Pizzeria gab, was seinen Unternehmergeist erneut entfacht hatte.

Er begann, über die Neugestaltung des Raumes im ersten Stock zu phantasieren.

Inzwischen war Billard aus der Mode gekommen; stattdessen war das goldene Zeitalter der Atari-Computerspiele angebrochen.

Also reichte mein Onkel bei der Gemeinde einen Projektentwurf für die Umgestaltung des Raumes ein und erhielt die Genehmigung.

Die Billardtische wurden durch Tische und Stühle ersetzt, die Spielautomaten mussten Kühlvitrinen weichen.

Für einen Pizzaofen reichte der Platz nicht aus, und so riss er kurzerhand die Trennwand zwischen seinem Lokal und dem angrenzenden Kinosaal ein, der schon jahrelang nicht mehr als solcher genutzt worden war. Das einen Meter zehn hohe Mauerstück, das stehen blieb, wurde zur Arbeitsfläche umfunktioniert.

Jenseits des Mauerstücks befand sich der ehemalige Vorführraum.

Mein Onkel kriegte es hin, im angrenzenden Labor, wo ursprünglich beschädigte Filmspulen wiederhergerichtet worden waren, die Küche und eine Toilette unterzubringen.

Das war der Beginn.

So viel Aufwand nur dafür, damit es Anfang des Sommers 1993 zu jener schicksalhaften Begegnung zwischen mir und der Pizza kommen konnte.

Ich war neunzehn und hatte gerade die Fachoberschule für Elektrotechnik abgeschlossen. Mein Abschlusszeugnis nützte mir nicht zu viel mehr als zum Zufächeln kühler Luft, und so fand ich mich, mit einem Nudelholz bewaffnet, hinter der Theke meines Onkels wieder.

Als Teenager ist die Vorstellung, Pizzabäcker zu werden, alles andere als cool, es sei denn, man fühlt sich wirklich dazu berufen oder braucht dringend Geld.

Das Pizzabacken gehört zu jenen Tätigkeiten, die viele nur vorübergehend ausüben, zum Beispiel in den Sommermonaten oder zur Überbrückung, bis etwas Besseres kommt.

Die Arbeitszeiten eines Pizzabäckers überschneiden sich exakt mit den Stunden, zu denen der Rest der Welt Feierabend macht. Mit etwas Glück bekommst du einen Tag in der Woche frei, Samstag und Sonntag natürlich ausgenommen.

Mit deinen Freunden abends ausgehen, das kannst du dir sowieso abschminken, und wenn der Sommer kommt und sich alles am Strand trifft, bist garantiert du der Erste, der sich verabschiedet, und zwar dann, wenn es gerade erst richtig losgeht. Oder du beschließt von vornherein, dich auszuklinken.

In meinem Leben schien es nicht vorgesehen, dass mir noch etwas Besseres beschieden sein würde, und außerdem brauchte ich Geld. Das Schicksal hatte so viel Aufwand betrieben, um mich mit der Pizza zusammenzubringen, da war es nur eine logische Folge, dass Holzofen und Hefe Teil meines Lebens werden würden – und so nahm ich das Angebot meines Onkels an.

Während der ersten Jahre meiner Zwangsehe mit der Pizza lebte ich in ständiger Angst zu versagen und mit dem Frust, keine andere Perspektive zu haben.

Vormittags hatte ich frei, doch da war ich der Einzige; für meine Freunde begann das richtige Leben erst nach siebzehn Uhr, genau dann, wenn ich zur Arbeit ging.

Nach und nach aber spielten die Dinge sich etwas ein.

Man darf nicht vergessen, dass wir in einem kleinen Dorf wohnen. Über Mittag hatten wir geschlossen, und ich konnte es so einrichten, dass ich nur eine Stunde später als meine Freunde in der Disko eintraf, denn wir machten nicht allzu spät zu.

Nachdem ich einige Jahre als Pizzabäcker gearbeitet hatte, beschloss mein Onkel eines Tages, sich etwas aus dem Geschäft zurückzuziehen und nur noch in der Funktion als Kellner und Eigentümer aufzutreten. Ab diesem Moment übernahm ich das Kommando.

Und erst da, in weißer Montur und an vorderster Front, begriff ich, dass ich mein Metier doch ganz gut beherrschte.

Zur Qualität meiner Pizzas kann ich nicht viel sagen, das ist eine Frage des Geschmacks. Dem einen schmeckt der Teig, dem anderen nicht. Aber ich habe festgestellt, dass ich ganz gut bin, was das ganze Drumherum betrifft.

Ich bekam es hin, das gesamte Lokal und den Lieferservice allein zu managen.

Und gleichzeitig Pizzas zu backen, Teig auszurollen, zu belegen und neue Bestellungen anzunehmen, ohne den Überblick zu verlieren.

Ganz ähnlich verhält es sich, wenn ich vor meinem Computer sitze. Mal abgesehen vom Ergebnis, das ich nicht zu bewerten habe und auch nicht bewerten will, waren dies die beiden einzigen Orte in meinem Leben, wo ich mich nicht fehl am Platz fühlte oder früher oder später eine nicht wiedergutzumachende Katastrophe fabrizierte.

Mit der Zeit hatte ich eine ganze Menge Kniffe gelernt und war in der Lage, mich aus den Fallstricken des Pizzabackens herauszumogeln.

Und von da an begann ich meinen Beruf zu lieben.

So oder so ähnlich mussten sich meine Freunde fühlen, die schon als Kinder gute Fußballer gewesen waren.

Die jene Selbstsicherheit besaßen, den Ball mit einem weiten Bogen über die Mauer dorthin platzieren zu können, wohin sie ihn haben wollten.

Mir war das nie gelungen.

Bis heute kriege ich das nicht hin.

Genauso schlecht bin ich beim Kartenspiel oder Blumengießen. Alle Pflanzen gehen bei mir entweder ein, weil ich sie in Wasser ertränke, oder sie vertrocknen.

Ich kann den Mund nicht halten, ich bin nicht gut im Kopfrechnen, und ich erkenne die wirklich wichtigen Dinge im Leben nicht, selbst wenn ich sie noch so deutlich sichtbar vor der Nase habe.

Doch gebt mir einen Ofen, etwas Mehl und Teig, und ich mache euch daraus, was immer ihr wollt.

Selbst mit verbundenen Augen. Oder mit auf dem Rücken verschränkten Armen, wie Jimi Hendrix in Woodstock.

Ich mache mir um meine Arbeit keinen Kopf. Es ist nicht so, wie wenn du dich abmühst zu erkennen, wann der richtige Moment ist, das Mädchen zu küssen, mit dem du ausgegangen bist. Wenn du in der ständigen Panik lebst, sie könnte den Kopf wegdrehen, sobald deine Lippen sich ihrem Mund nähern.

Ich weiß einfach, wie es geht. Das ist alles.

Nach zwanzig Jahren war auf wundersame Weise aus der arrangierten Ehe eine Liebesbeziehung geworden.

WER BIN ICH?

Zehn Jahre nachdem ich meine Karriere als Pizzabäcker angetreten hatte, beschloss ein Verlag, eines
meiner Bücher zu veröffentlichen.

Ich hatte mit achtzehn Jahren zu schreiben be-
gonnen; damals betrieb mein Onkel noch seine Bar.
Mit vierzehn hatte ich mit Freunden in einer Rock-
band gespielt, doch vier Jahre später hatte ich ein-
gesehen, dass ich an der Gitarre nie besonders gut
sein würde und dass die Verpflichtungen eines angehenden Barmanns sich mit denen eines Rockstars
nur schwer in Einklang bringen ließen.

Die Lust am Gitarre spielen war mir vergangen.

Heutzutage ist es einfach, in einer Band zu spielen: Du gibst den Titel eines Songs auf Youtube ein,
dazu dein Instrument und »Solo«, und schon bekommst du 3000 Videos, die dir zeigen, was du zu
spielen hast. 1987 war das noch anders.

Man schloss sich in seinem Zimmer ein, legte
eine Platte auf und hörte sich das Solo so oft an, bis
man die ganze Passage im Ohr hatte.

Ich hatte es schon bald satt, meine Nachmittage im Zimmer zu verbringen.

Ohne die Musik hatte ich plötzlich wieder eine Menge freier Zeit, vor allem nachmittags.

Meine Mutter meinte, ich hätte diese Zeit besser zum Lernen nutzen sollen.

Im Prinzip keine schlechte Idee, aber auch das Lernen war eine Art Training, an der ich schnell die Lust verloren hatte, so ungefähr ab der 3. Klasse.

Nicht lange nachdem ich die Band geschmissen hatte, fiel mir an einem Mittwochnachmittag, an dem ich untätig herumsaß, weil der Bar-Kühlschrank bereits aufgefüllt war, eine Schreibmaschine ins Auge.

Meine Mutter und meine Tante hatten darauf irgendwelche Geschäftspapiere getippt und sie danach auf dem Tisch stehen lassen.

Meine Mutter war die Briefträgerin von Casola, meine Tante Angestellte im Postamt.

Meine Großmutter war ebenfalls Briefträgerin gewesen, ebenso wie mein Großvater.

Mein Urgroßvater Nicolino war überhaupt der allererste Briefträger von Casola.

Und heute arbeitet meine Cousine in Casola als Briefträgerin.

Ich entstamme also einer regelrechten Briefträgerdynastie.

Ich betrachtete die Schreibmaschine und fragte mich, wie sie wohl funktionieren mochte.

Bereits als Kind hatte ich gern gelesen, obwohl ich in eine Familie ohne Bücher hineingeboren wurde.

Sowohl meine Grundschullehrerin Vittoria Dal Pozzo als auch alle späteren Lehrer hatten diese Leidenschaft auf die eine oder andere Weise gefördert.

An jenem Mittwochnachmittag spannte ich also zum ersten Mal ein weißes Blatt Papier in die Schreibmaschine ein.

Wie dieses Ding wohl funktionieren mochte?, überlegte ich mir.

Bis zu diesem Augenblick hatte ich nichts anderes getan, als Gitarre zu spielen.

Ich war achtzehn. Und begann meinen ersten Roman zu verfassen.

Wenn man so will die freie Bearbeitung eines Thrillers, den ich gerade gelesen hatte und der fast ausschließlich in Grönland spielte. Mein Thriller hingegen spielte in Casola, wenn auch in einem Casola, das in Eis und Schnee versunken war.

Das schien mir ein angemessenes literarisches Debut. Ähnlich wie in der Musik, wo man ja auch zunächst damit anfängt, Songs bekannter Bands zu covern.

Bis dahin hatte ich noch nie etwas geschrieben –

abgesehen von Schulaufsätzen, und die auch nur, weil ich dazu gezwungen worden war.

Kein einziges Gedicht, nicht die kleinste Geschichte; ein Tagebuch hatte ich auch nie geführt.

Doch von da an sollte ich nie wieder mit Schreiben aufhören.

2003, als besagter Verlag beschloss, mein Manuskript zu veröffentlichen, war ich bereits zehn Jahre lang Pizzabäcker und hatte sieben Romane verfasst, die kein Mensch je gelesen hatte.

Und nun lag mein Erstling »Alla grande«, in dem ich meine Kindheit erzählerisch verarbeitet hatte, als Sohn einer alleinerziehenden jungen Frau, der bei den Großeltern in einer Sozialwohnung aufwuchs, in den Buchhandlungen aus.

Das erste Interview gab ich einem Journalisten vom »Corriere della Sera« ausgerechnet in der Pizzeria.

Die erste Frage, die er mir stellte, die allererste Frage überhaupt, die jemand an mich in meiner Rolle als Autor richtete, lautete, ob der Inhalt meines Buches erfunden oder autobiographisch sei.

Das Buch spielte in Casola; die Freunde der Hauptfigur trugen die Namen meiner Freunde, sein Fahrrad sah aus wie mein Fahrrad; ja sogar die Straße, in der er wohnte, stimmte mit meiner Adresse überein.

»Enthält das Buch autobiographische Elemente?«, fragte der Journalist.

»Kein einziges«, lautete meine Antwort.

Ich wusste nicht, was ich anderes sagen sollte. In den Interviews, die ich gelesen hatte, betonten die Autoren, wie wichtig es sei, sich von der eigenen Realität zu lösen, um aus einer universellen Perspektive vom Leben erzählen zu können; mein Umfeld und ich aber waren ein und dasselbe. Ich kannte nichts anderes.

Die zweite Frage lautete, wie ich mich als frisch gebackener Autor fühle.

Ich blickte mich um.

Die Pizzeria war gerammelt voll, und während ich die Fragen des Journalisten beantwortete, schob ich eine Pizza nach der anderen in den Ofen.

»Eigentlich bin ich ja Pizzabäcker...«, erlaubte ich mir zu bemerken.

Seither sind mehr als zehn Jahre vergangen, und wirklich verändert hat sich nicht viel – bis auf den Umstand, dass ich nicht mehr weiß, wer oder was genau ich bin.

Ganz ähnlich, wie es auch meinen geliebten Comic-Superhelden zeitweise erging, mit dem Unterschied, dass ich unter meiner Zivilkleidung keine Maskierung trage, sondern ein bemehltes weißes T-Shirt und eine Schürze.

Wenn mich jemand fragt, was ich beruflich mache, lautet meine Antwort noch immer: »Ich bin Pizzabäcker«, auch wenn viele mir das nicht mehr abnehmen.

Vor allem die Journalisten.

Bei Interviews kommen sie oft mit der Vorstellung, es sei nur so eine Allüre von mir, mich als Pizzabäcker auszugeben. Sie glauben, ich hätte als Jugendlicher mal während der Ferien in der Pizzeria gejobbt, zwei Sommermonate lang oder so.

Dieses Bild, das sie von mir haben, unterstreichen sie dann noch mit einem verschlagenen Grinsen, als hätten sie eine meiner Jugendsünden aufgedeckt.

Es gibt Leser, die extra nach Casola kommen, um zu kontrollieren, ob ich wirklich als Pizzabäcker arbeite.

Und wenn sie mich dann weiß bekleidet hinter der Theke stehen sehen, sind sie mehr als zufrieden. Sie wirken erleichtert und glücklich zugleich, und ich fühle mich gut, weil ich weiß, dass ich das Vertrauen meiner Leser nicht missbraucht habe.

Natürlich gibt es auch Tage, an denen ich nicht Pizza backe.

Ich bin noch immer nicht in der Lage, mich zu klonen, und wenn ich eine Einladung annehme, um ausnahmsweise mal Worte statt der Pizzaschaufel zu schwingen, kann ich nicht gleichzeitig an zwei verschiedenen Orten sein.

Mein Onkel hat einen Kalender aufgehängt, in den er meine anderen beruflichen Verpflichtungen einträgt, auch wenn das für ihn eigentlich keine Verpflichtungen sind, sondern so etwas wie Urlaubstage, denn über ein Buch zu sprechen, das du geschrieben hast und das jemand anderes liest – oder lesen will –, fällt seiner Ansicht nach nicht unter den Begriff »Arbeit«. Dafür kostet es, nach seinem Verständnis, viel zu wenig Anstrengung.

Mit einem roten Marker kennzeichnet er in diesem Kalender meine »Spritztouren«.

Ich weiß nicht mehr genau, wer ich bin, weil ein Teil von mir sich gern ausschließlich der Schriftstellerei widmen würde, während der andere Teil das als weibisch ansieht; nichts für einen richtigen Mann. Das ist der Teil von mir, der es trotz allem liebt, mit dem dreirädrigen Ape herumzufahren, um Brennholz aufzuladen; der sich seinen romantischen Blick auf die Sklavenarbeit erhalten hat, die darin besteht, zentnerweise Buchenholz einundzwanzig Stufen hochzuschleppen.

Vielleicht findet sich eine passende Definition dessen, was ich bin, auf der von roten Neonlämpchen umrahmten Anzeigetafel, die mein Onkel auf der Kühlvitrine für Desserts aufgestellt hat.

Sie ist ein Souvenir aus vergangenen Tagen, die er 1990 bei »Addertronic« erstanden hat.

»Addertronic« war der erste Elektroladen in Casola. Als der Verkauf der VC 20 und Commodore 64 zu stagnieren begann, wurden dort unter der Hand auch Pornokassetten vertrieben, was die Bilanzen etwas aufbesserte.

Sich eine solche Videokassette auszuleihen kostete kaum etwas und ersparte einem den Aufwand, im Zeitschriftenladen von Bruscò Erotikmagazine zu stehlen. Wir Teenager liebten »Addertronic«.

Und 1990 kaufte mein Onkel dort diese Tafel für Leuchtreklame.

Bis heute funktioniert sie einwandfrei.

Man programmiert sie über eine Konsole, die an das Schaltbrett der ersten Sputnik erinnert, und sie verfügt über eine Auswahl an Buchstaben und Sonderzeichen, die es gar nicht gibt – in keiner Sprache der Welt. Die Konsole wird mithilfe eines zwei Meter langen Kabels – mit dem man ebenso gut einen Tanker vertäuen könnte – an die Anzeigetafel angeschlossen. Der Stecker dieses Kabels hat eher mit Alchemie zu tun als mit Technologie.

Da er in Tunesien lesen und schreiben gelernt hat, ist die Muttersprache meines Onkels Französisch, und die Texte, die er eingibt, erinnern eher an Esperanto als an Italienisch.

Die einzelnen Sätze gleiten wie die Börsenticker der New Yorker Wall Street als Laufschrift über die Anzeigetafel:

DIE PIZZERIA IL FARRO IST JEDEN TAG
AUSSER DIENSTAG GEÖFFNET
AUCH MIT LIEFERSERVICE

kann man dort lesen.

Dann kommen drei blinkende Sternchen, und der nächste Satz folgt:

AB JETZT IM BUCHHANDEL ERHÄLTLICH:
DER NEUESTE ROMAN VON CRISTIANO
CAVINA (PIZZABÄCKER, WENN ER DA IST)

Und genau das bin ich, Pizzabäcker – wenn ich da bin.

PRAKTISCHES HANDBUCH FÜR HOBBYPIZZABÄCKER

Wie man Pizza bäckt, kann man niemandem beibringen.
Man kann höchstens vor gewissen Fehlern warnen;
erklären, woher sie kommen und warum man sie macht.
Es ist eine einsame Schule, die wir nur mit Unterstützung
unserer Hände, unserer Augen, unseres Geschmacks-
und Geruchssinns durchlaufen. Sonst nichts.
Gelingt uns am Ende eine Pizza, heißt das nicht, dass
wir gelernt haben, wie man Pizza bäckt.
Vielmehr haben wir gelernt, unsere eigene Pizza zu
machen, die sich von den anderen unterscheidet.
Und genau das ist das Schöne daran.

KURZES GLOSSAR
DER FACHBEGRIFFE

*(UM BEI DEN GÄSTEN EINDRUCK
ZU SCHINDEN)*

Abteilen: das Portionieren des Teiges.

Auffrischen (auch Anfrischen oder Füttern): das Hinzugeben von Wasser und Mehl zum Sauerteigansatz (Anstellgut), um neuen Teig anzusetzen.

Ausklopfen: das Hin- und Herwerfen des Pizzabodens zwischen den Händen, um das Mehl abzuschütteln.

Biga: ein fester Vorteig aus Wasser, Mehl und Hefe bei indirekter Teigführung.

Direkte Teigführung: Alle Zutaten werden direkt zu einem Teig geknetet (allerdings während des Knetens erst nach und nach hinzugefügt).

Fundament: die erste Schicht des Pizzabelags. Häufig werden dafür Tomatensauce und Mozzarella verwendet, oder auch Öl, Salz und Rosmarin.

Halbdirekt: der Teig, den man erhält, nachdem man der direkten Teigführung etwas von einem reifen Teig hinzugefügt hat (für gewöhnlich einen Rest vom Vortag).

Himmel: die Decke des Ofens.

Indirekte Teigführung: Teig, den man in zwei Arbeitsgängen herstellt. Es wird zunächst ein Vorteig angefertigt, der anschließend mit den restlichen Zutaten zum Hauptteig verarbeitet wird.

Klebergerüst: die Struktur von Kleber oder Gluten, die sich auf der Gare des Teiges bildet. Sie ist dehnbar und sorgt im Teig dafür, dass während des Prozesses das Gärgas gehalten wird.

Maku: auch Makulatur oder Leopardur. Gleichmäßig verteilte schwarze Flecken auf dem Pizzarand.

Parkett: die Backebene des Ofens.

Pfählen: mittelalterliche Foltermethode, besonders beliebt bei den Frauen von Hobbypizzabäckern… Scherz beiseite: das Aufladen der Pizza auf die Pizzaschaufel, um sie in den Ofen einzuschießen.

Pizzaschaufel (auch Einschießer): Arbeitsgerät, um die Pizza in den Ofen einzuschießen oder zu drehen.

Poolish: lang geführter, weicher Vorteig aus Wasser, Mehl und Hefe.

Regeneration: das erneute Formen von Teiglingen, nachdem sie zu lange gegangen sind.

Sauerteig (auch Mutterhefe): ein Vorteig aus Wasser und Mehl, der in Gärung gehalten wird.

Sims: der Teigrand der Pizza. Der Teil, der fast immer zu verbrennen droht und im allgemeinen Sprachgebrauch als Kruste oder Rand bezeichnet wird.

Stockgare: Ruhezeit des ungeformten Teiges nach dem Kneten und vor dem Aufarbeiten.

Strangbildung: bezeichnet den Moment, wenn sich der Teig vom Rand der Rührschüssel oder von der Arbeitsfläche löst und sich das Klebergerüst durch Verkettung der Klebersträge zu bilden beginnt.

Strecken: das Mischen zweier unterschiedlicher Mehlsorten in einem Teig.

Stückgare: Ruhezeit für die bereits geformten Teiglinge.

Teigling: Teigkugel, aus der der Hobbypizzabäcker seine Pizza formt – oder zu formen versucht.

Teigpunkt: der Zustand des Teiges, der das Ende des Knetvorgangs anzeigt.

Ziehen oder ausziehen: das in Form bringen des Pizzateiges, möglichst ohne auf den Teig einzudreschen.

Zutatenboard (auch Toppingstation): das Nebeneinander von Behältern für die gebrauchsfertigen Zutaten.

DER OFEN

Der gute alte Holzofen

Jeder Hobbypizzabäcker liebt seinen Holzofen über alles.

Zu Hause Pizza zu backen ist nichts weiter als eine logische Konsequenz aus der Tatsache, dass man einen eigenen Holzofen hat.

Jeder Holzofen-Besitzer bekommt leuchtende Augen, wenn er davon erzählt, so als ginge es um die erste große Liebe.

Ich backe seit einundzwanzig Jahren Pizza im Holzofen und kann nur sagen, Flammen und Glut lassen wirklich etwas ganz Besonderes in einem zurück.

Um ehrlich zu sein, der Glanz dieser ersten großen Liebe erhielt bei mir einen ordentlichen Kratzer, als unser alter Ofen in der Pizzeria ausgetauscht werden musste und ich den Auftrag bekam, ihn Stück für Stück abzutragen, vom Himmel bis zum Parkett.

Mir zerriss es fast das Herz – bis ich zu der Ebene

mit den Glasfasern und Ziegeln kam, von denen ein Ofen zum Zweck der Hitzespeicherung ummantelt ist.

Tatsächlich: Er ließ etwas ganz Besonderes in mir zurück.

Vor allem in meiner Lunge.

Nach zwanzig Sekunden begriff ich, dass ich, wollte ich lebendig hier rauskommen, besser daran tat, mir ein feuchtes Tuch vor Mund und Nase zu halten.

Doch ähnliche Vorkehrungen für Hände und Arme zu treffen vergaß ich.

Es war Sommer, und ich trug nur ein Tanktop.

Später beim Duschen stellte ich fest, dass ich aussah, als sei ich den ganzen Tag von meiner ersten Liebe ausgepeitscht worden.

Fazit: Ihr könnt euren Ofen ruhig lieben; doch wenn die Zeit gekommen ist, ihn abzutragen, überlasst ihr diese Arbeit besser jemand anderem.

1. Probleme mit der Temperatur

Eins der gängigen Probleme besteht darin, dass der gute alte Holzofen von Zeit zu Zeit – vielleicht gerade dann, wenn ein Abendessen mit vielen Gästen ansteht – nicht so funktioniert, wie wir es erwarten.

Und die Pizza wird und wird nicht fertig.

Dies ist der Moment, in dem die Gastgeberin noch finsterer dreinschaut als sonst. Normalerweise beweist sie größte Geduld gegenüber der Leidenschaft ihres angetrauten Hobbypizzabäckers, doch wenn sich abzeichnet, dass die Gäste zwei Stunden länger bleiben als nötig, wird sie nervös.

Den Pizzabäcker befällt Panik. Er weiß, dass seine Frau ihrem Hass freien Lauf lassen wird; im Geiste sieht er Jahre glücklichen Zusammenlebens wie Sandstein zerbröseln. Minuten ziehen sich hin wie Stunden, und er versteht nicht, was er gerade falsch macht. Das Holz brennt fröhlich vor sich hin, die Glut sieht aus wie glühende Lava, und die Pizza… will einfach nicht fertig werden. Seit Stunden ist sie schwabbelig und blass, liegt da wie ein Rentner beim Sonnenbaden am Strand, und Stunden später ist sie staubtrocken und platt wie eine alte Vinylschallplatte. Vielleicht ähnelt sie ihr sogar in der Farbe.

Doch der Grund des Problems ist nicht der Ofen, sondern der Pizzabäcker. Er ist die ganze Sache von vorneherein falsch angegangen.

Der Ofen in unserer Pizzeria ist an sechs Tagen die Woche in Betrieb, und obgleich wir dienstags Ruhetag haben, findet sich mittwochs, wenn wir wieder öffnen, unter der Asche immer noch offene Glut.

Ein Holzofen im Privatgebrauch hat selten eine solche Auslastung.

Er benötigt daher mehr Zeit, um sich aufzuheizen.

Selbst wenn die Luft im Inneren relativ schnell Hitze zieht, verhält es sich doch mit Himmel und Parkett ganz anders. (Erinnert ihr euch noch an diese Begriffe? Himmel. Was für eine schöne Bezeichnung.)

Gebt eurem Ofen die nötige Zeit.

Wenn ihr wisst, dass Freitag ein paar Versuchskaninchen ins Haus stehen … Scherz beiseite. Wenn ihr für Freitag ein Pizzaessen geplant habt, dann heizt euren Ofen nicht erst am selben Tag an.

Um bei unserem Ofen für die richtige Temperatur zu sorgen, befeuert mein Onkel ihn vormittags um halb zwölf mit einer ersten Ladung Holz und legt zwei oder drei Mal nach.

Obwohl er das ganze Jahr über praktisch ununterbrochen in Betrieb ist, würde der Ofen, wenn er erst am Nachmittag gegen halb vier befeuert werden würde, abends nur den ersten Backgang fertig bekommen.

Die Pizzas ziehen unglaublich viel Wärme.

Und erst im letzten Moment Holz nachzulegen führt unweigerlich zum Desaster.

Unten bleibt der Teig roh, während oben der

Mozzarella verbrennt. Und der Rand ist staubtrocken wie eine Mumie.

Ein raffinierter Trick, um die Temperatur des Parketts innerhalb kürzester Zeit zu erhöhen, besteht darin, die Backfläche mit Glut zu bedecken.

Lasst die Glut eine Minute dort liegen, nicht länger, sonst verbrennen euch die Pizzas; dann säubert ihr die Backfläche mit einer Bürste und wischt kurz mit einem angefeuchteten Schwamm darüber – nicht zu lange, damit die schöne Hitze nicht verfliegt. Wenn ihr noch zwanzig Pizzas backen müsst, reicht das nicht aus, aber für drei oder vier ist die Hitze mehr als genug.

Um solche Notlösungen zu vermeiden, solltet ihr den Ofen spätestens am Vortag anheizen. Befeuert ihn sowohl am Nachmittag als auch am Abend, bevor ihr ins Bett geht, mit ausreichend Brennholz.

Zündet ihn noch einmal am Freitagmorgen an, bevor ihr zur Arbeit geht, und richtet es so ein, dass ihr das Feuer auch den Nachmittag über am Brennen halten könnt; kümmert euch gleich darum, wenn ihr von der Arbeit kommt.

So vermeidet ihr böse Überraschungen und könnt stolz sein auf euren Ofen wie auf einen Sprössling, der sein Studium mit Auszeichnung abgeschlossen hat.

2. Ohne Thermometer

Die wenigsten Holzöfen haben ein Thermometer.

Zumindest diejenigen, die ich benutze und bisher benutzt habe, besitzen keins.

Das ist nicht weiter schlimm. Ein Holzofen schämt sich nicht, seine Gefühle offen zu zeigen, und gibt eindeutig zu verstehen, wann er die richtige Temperatur erreicht hat.

Der Himmel muss komplett weiß sein.

Ist er schwarz vor Ruß, ist das ein Zeichen dafür, dass er kalt ist und ihr werdet nicht viele Backgänge hinkriegen, bevor er euch im Stich lässt.

Das Parkett hingegen gibt sich eher geheimnisvoll. Idealerweise hat man immer einen Teigling übrig, den man für eine Versuchspizza opfern kann, eine Art Freiwilligen, der sich für das Entermanöver zur Verfügung stellt.

Zieht den Teig in Form, und streicht nur einen halben Löffel Tomatensauce darauf. Dann schiebt ihr das Ganze in den Ofen. Diese Pizza dient euch sozusagen als Lackmus Indikator.

Dreht die Pizza innerhalb des Ofens, so als wolltet ihr sie wirklich backen: Dort, wo sie kleben bleibt, ist die Temperatur des Parketts zu hoch.

Haltet immer einen Eimer mit frischem Wasser und einen Lappen griffbereit.

Ein paar Mal mit einem feuchten Lappen über das Parkett zu wischen genügt, um der Fläche etwas Hitze zu nehmen.

3. Das passende Holz

Bei der Pizza verhält es sich anders als bei Grillfleisch: Die Glut speichert zwar die Temperatur, unterstützt aber den Backprozess nicht. Eine Pizza wird vom Feuer gebacken, es darf aber die 480 °C nicht übersteigen.

Für jeden Hobbypizzabäcker bedeutet das, Brennholz zu meiden, das zwar viel Glut, aber wenig Flammen erzeugt.

Eichenholz eignet sich ganz gut, um den Ofen anzuheizen und auf Temperatur zu bringen, aber nicht zum Backen.

Kirschholz könnt ihr von vornherein vergessen.

Wenn es sich entzündet, explodiert es wie eine Granate und versprüht glühende Splitter. Und in einem Punkt könnt ihr euch hundertprozentig sicher sein: Selbst wenn in dem Ofen nur eine einzige Pizza liegt, fallen die Splitter garantiert genau auf diese eine.

Ihr habt in einer Ecke eures Hofes eine wuchernde Wildfeige stehen, die ihr schon seit Jahren loswerden wollt? Macht euch keine falschen Hoffnungen. Einmal Feige, immer feige. Die fängt bei niemandem Feuer.

Pinien und überhaupt alle immergrünen Bäume und Gehölze sollte man als Brennholz nicht in Betracht ziehen. Sie erzeugen eine Menge Ruß und können Schornsteine verstopfen.

Birke brennt gut, kostet wenig, erzeugt aber auch kaum Hitze.

Zerreiche und Steineiche sind ideal.

Olivenholz soll das Beste überhaupt sein, allerdings müsste man vorher erst noch einen Kredit aufnehmen, um sich davon einen ordentlichen Vorrat leisten zu können.

Ganz abgesehen davon, dass das Fällen eines Olivenbaums, nur um Brennholz zu gewinnen, einem Sakrileg gleichkäme.

Buche ist perfekt, vor allem was die Flammenbildung betrifft, allerdings ergibt sie nur wenig Glut und ist zum Anheizen absolut nicht geeignet.

Alles in allem lässt sich sagen, dass – auch was das Preis-Leistungs-Verhältnis betrifft – Hainbuchenholz unschlagbar bleibt.

Habt ihr große Holzscheite, zerhackt ihr sie besser; so trocknen sie schneller und zünden später leichter. Außerdem brennen sie lange.

4. Gekauftes Brennholz – für die Städter unter den Hobbypizzabäckern

Für mich persönlich stellt das Beschaffen von Brennholz kein Problem dar: Casola ist regelrecht eingegraben im Wald, daher findet man rund um Casola mehr Holz als Kieselsteine im Fluss.

Die meisten Hobbypizzabäcker wohnen allerdings in der Stadt; und andere wohnen zwar auf dem Land, aber vielleicht auf einer nicht bewaldeten Ebene, wo eine einsame Gruppe Birken das einzig verfügbare Brennholz darstellt.

Es gibt große Supermarktketten oder Baumärkte, die säckeweise Brennholz zum sofortigen Gebrauch verkaufen.

Der Sack ist dann allerdings meistens das Wertvollste an dem ganzen Kauf – erstens, weil er einen unwiderstehlichen Retro-Charme verströmt, und zweitens, weil er bestimmt besser brennt als das Holz, das in ihm steckt.

Nichtsdestotrotz ist das Holz aus Bau- oder Supermärkten – auch wenn es praktisch ein Vermögen kostet – brauchbar, allerdings nur unter der Bedingung, dass man es nicht erst kurz vor der Verwendung kauft.

Legt euch beizeiten einen Holzvorrat an und lagert das Holz zum Trocknen an einem geschützten

Ort, sonst müsst ihr einen Kanister Benzin darüber leeren, damit es sich überhaupt anzünden lässt.

Brennt das gekaufte Holz hingegen schon beim ersten Streichholz, das ihr dranhaltet, lichterloh, dann seid vorsichtig: Womöglich handelt es sich um Buchenholzscheite, die zur schnelleren Trocknung chemisch behandelt worden sind.

Um auf der sicheren Seite zu sein, greift ihr beim Kauf am besten nach einem Holzsack, der eindeutig noch feucht ist.

Es gibt aber auch noch eine ganz andere Lösung.

Da auch die Städter unter den Hobbypizzabäckern ab und an einen Ausflug ins Grüne machen, wäre es vielleicht keine schlechte Idee, einmal im Jahr einen Anhänger ans Auto zu montieren und die Familie in bergige oder hügelige Gegenden auszuführen.

In jedem beliebigen Dorf kann man nachfragen, ob jemand Brennholz verkauft, und es gleich aufladen.

Selbst bei einem kleinen Anhänger hätte man, sofern man ihn ordentlich belädt, damit genügend Holz, um seinen guten alten Ofen ein Jahr lang zu befeuern.

Und stapelt man das Holz richtig, nimmt es in der Garage nur wenige Kubikmeter Platz weg.

Wer keine Garage besitzt, kann das Holz auch in

eine Schubkarre legen, alte Decken darüberbreiten und das Ganze mit zwei Lagen Plastikfolie umwickeln; so passt es in jede noch so winzige Ecke im Garten oder im Hof.

Ich rate grundsätzlich davon ab, alte Möbel zu Brennholz zu verarbeiten, nur um endlich Platz im Keller zu schaffen. Ich habe das ein einziges Mal versucht. Die Pizzas schmeckten aber irgendwie nach alter Kommode.

5. Wissenswertes über das Holzhacken

Stellt den Ofen ebenerdig auf. Brennholz mit Füßen gibt es nämlich noch nicht.

Eine der weniger aufregenden Aufgaben eines Pizzabäckers ist das Hacken von Brennholz.

Selbst nach so vielen Jahren ist es mir nicht gelungen, mir dafür auch nur einen Hauch von Begeisterung abzuringen. Ich spreche gern über das Holzhacken, denn der Verrichtung an sich haftet etwas Heroisches an, aber es aktiv auszuführen ist etwas ganz anderes.

Wie das Schicksal es so wollte, gehört unsere Pizzeria zu den wenigen im gesamten Universum, die nicht ebenerdig liegt, sondern sich im ersten Stock eines Hauses befindet.

Seit einundzwanzig Jahren trage ich daher nun schon Holzscheite die Treppe hoch.

Das Holz vom Ape abzuladen ist nicht der schwierigste Part dabei, das bekomme ich noch hin, auch wenn ich nicht einer dieser Kraftprotze vom Jahrmarkt bin. Doch was davor und danach passiert, hat nichts, aber auch gar nichts mit Romantik zu tun.

Den Ape zu beladen gehört zum Schlimmsten überhaupt, besonders morgens im Winter, wenn die Holzscheite kalt sind wie Eiszapfen und deine Hände und Arme steif werden bis hinauf zu den Schultern.

Nichts aber bringt mich so in Rage wie die Aufgabe, die Scheite ordentlich unterhalb des Ofens zu verstauen.

Denn dort unten ist es immer heiß.

Heiß ist eigentlich nicht der richtige Ausdruck.

In diesem drei Quadratmeter großen Hohlraum, zu dem man nur auf Knien Zugang hat, herrscht ständig jene bleierne Hochsommerhitze, bei der niemand Kraft oder Elan verspürt, einen Finger zu rühren, außer vielleicht die Grillen, die in einem fort ihre Flügel aneinanderreiben. Um diese drei Quadratmeter bleierne Hochsommerhitze zu füllen, braucht man zweieinhalb Fahrten mit dem vollgeladenen Ape.

Vier Stunden muss man einkalkulieren für Aufladen, Abladen und Verstauen. Und Hunderte von Stufen.

Vier Stunden sind keine Ewigkeit, aber sie mit Holzschleppen zu verbringen ist nicht das Gleiche, wie eng umschlungen mit deiner Freundin im Park auf der Wiese zu liegen.

Diese vier Stunden ziehen sich hin wie eine Ewigkeit.

Selbst die Mathearbeiten, bei denen ich keinen blassen Schimmer hatte, was ich tun sollte, und hilfesuchend das Kruzifix hinter dem Lehrerpult anstarrte, sind schneller vorbeigegangen.

Und hast du das Abladen und Aufstapeln endlich hinter dich gebracht, bist du übersät von Holzspänen.

Die Haare sind voll davon, Kopf- und Brusthaare, selbst wenn du ein Sweatshirt anhast. Kleine Spreißel finden sich in den Handflächen und sogar in den Schuhen.

Selbst wenn du dich schnäuzt, kommt Holzstaub mit raus.

Die Nase ist so voll mit dem Zeug, dass man sie ohne weiteres als Pulverbüchse verwenden könnte und du beim Niesen Gefahr läufst, deinem Gegenüber ein Auge auszuschießen.

Nur in den Sommerferien, wenn mein Cousin Paolino Junior Cavina aus Ungarn zu Besuch kommt, geht es mir gut.

Er ist in dem Alter, in dem der Anblick eines dreirädrigen Ape bei Jungen einen Sturm der Begeisterung auslöst, mehr noch als der Anblick eines Mädchens.

Wir haben den Deal, dass ich ihn mit dem Ape fahren lasse, wenn er mir im Gegenzug mit dem Holz hilft.

Ich habe noch nie jemanden gesehen, der mit solchem Einsatz Berge von Holzscheiten die Treppe hochträgt.

6. Die Reinigung des Ofens

Vor der Nutzung des Ofens ist es ratsam, die Backfläche mit einer Drahtbürste von groben Glut- und Ascheresten zu befreien.

Was dann noch übrig bleibt, kann man mit einem Lappen wegwischen, den man vorher in sauberes Wasser tunkt.

Die Puristen unter den Pizzabäckern verwenden hierfür kleine Besen aus Blättern der Zwergpalme, die ausreichend angefeuchtet werden. Dieses Hilfsmittel lege ich jedem ans Herz, der sich wirklich profilieren will.

Die Zweige der Zwergpalme fangen partout kein Feuer, noch nicht einmal, wenn sie mit der offenen Glut in Kontakt kommen, und ich vermute, das ist einer der Gründe, warum die US-Amerikaner im Vietnamkrieg zur Bombardierung von Wäldern das Napalm entwickelt haben.

Hinzu kommt, dass der Wedel aus Palmenzweigen, wenn man ihn nach dem Wischen einfach in klarem Wasser ausspült, jahrelang hält, während ein Lappen schon nach zwei Wochen so mit Ruß vollgesaugt ist, dass man ihn auswechseln muss. Eine schlechte Angewohnheit ist es, das Wechseln des Schmutzwassers und des Lappens auf die lange Bank zu schieben. Es ist nur menschlich, und vor allem wir Männer leiden oft unter ausgeprägter Faulheit, was Putzarbeiten ganz allgemein betrifft. Ich umgehe das alles, indem ich anstelle eines Lappens oder eines Palmenzweigwedels feuchtes Papier benutze, und zwar das billigste, das ich bekommen kann. Ich säubere den Ofen mit der Drahtbürste, wische mit Papier nach, und wenn ich fertig bin, werfe ich es einfach weg. Vergesst nicht, auch die vom Himmel herabhängenden Rußpartikel zu beseitigen; wenn sie euch auf die Pizza fallen, war alles umsonst und ihr müsst noch mal von vorn anfangen, denn die Rußfetzen verschmelzen mit dem Belag und sind dann nicht mehr wegzukriegen.

Um die Glut und das brennende Holz beiseitezu-
schieben, sollte man nicht den Pizzaschieber benutzen, mit dem man auch die Pizza dreht: Man macht
ihn nur kaputt, indem man die Schweißnähte stra-
paziert und ihn verbiegt.

Ein einfacher Pizzaschieber aus Metall reicht für
diesen Zweck vollkommen aus.

UNTERSCHIEDLICHE PIZZAS
FÜR UNTERSCHIEDLICHE ÖFEN

1. Der elektrische Pizzaofen

Ich persönlich habe in Deutschland zum ersten Mal einen elektrischen Pizzaofen benutzt, anlässlich eines dreitägigen Festes in Bartholomä, der Partnergemeinde von Casola.

Neben uns war ein deutscher Stand, an dem selbst gebrautes Bier gezapft wurde, und ich tauschte mit meinen Nachbarn eine *Margherita* gegen eine Maß.

»Prost!«, riefen sie mir zu und hoben das Stück Pizza, um mit mir anzustoßen.

»Schuhmacher!«, antwortete ich. Mehr als dieses eine Wort kannte ich nicht auf Deutsch.

Der Ofen besaß zwei Backkammern und fraß mehr Energie als ein Atomkraftwerk mittleren Ausmaßes.

Das dazugehörige Stromkabel hatte den Durchmesser eines menschlichen Arms. Über den Daumen gepeilt, kalkulierte ich, musste die übliche

Spannung im deutschen Haushalt so bei 600 Volt liegen.

Das Fest fand in einem Park etwas außerhalb statt, und jedes Mal, wenn ich die Temperatur des Parketts um zehn Grad erhöhte, sah ich in der Ferne die Lichter im Ort wie von Geisterhand kurz schwächer werden.

2. Einfacher? Wie man es nimmt …

Ungebrochen hält sich das Gerücht, es gebe, im Vergleich zum Backen im Holzofen, nichts Einfacheres, als in einem elektrischen Pizzaofen Pizza zu backen.

Richtig ist, dass man sich beim elektrischen Ofen weniger um die Pizza selbst kümmern muss. Angesichts der gleichmäßigen Wärmestrahlung muss man sie nicht ständig drehen und wenden. Manchmal sogar überhaupt nicht.

Alles andere als einfach ist bei den elektrischen Öfen aber die Temperaturregelung.

Ich hatte es immer nur mit holzbefeuerten Öfen zu tun, und bei Holzscheiten kenne ich mich besser aus als mit Knöpfen und Hebeln.

Ein elektrischer Ofen hat etwas von einem OP-Saal oder der Kommandobrücke eines intergalaktischen Raumschiffes. Etwas Nüchternes und Erbarmungsloses.

Ein gewerblich genutzter elektrischer Pizzaofen muss eine Pizza bei etwa 320 °C backen.

Die Temperatur ist die Summe beider Wärmequellen: die des Parketts und die des Himmels.

Dem direkten Kontakt ist nur eine der beiden Wärmequellen ausgesetzt: das Parkett. Auf ihm liegt der Teig. Aber um wirklich zu gelingen, braucht die Pizza die Hitze vom Himmel.

Üblicherweise verfügen elektrische Pizzaöfen über drei Einstellungen: allgemeine Arbeitstemperatur, Ober- und Unterhitze.

Damit die Pizza am Boden nicht verbrennt, sollte die Oberhitze etwa 80 Prozent der Gesamthitze betragen, während die Unterhitze die verbleibenden 20 Prozent ausmacht.

Das gilt für die normale runde Pizza.

Bei Blechen sind die Werte jedoch genau umgekehrt, denn der Behälter, in dem der Teig liegt, muss ebenfalls erhitzt werden.

Die Gesamthitze kann in diesem Fall etwas niedriger sein, etwa 280 °C.

3. Der elektrische Ofen für Privathaushalte

Natürlich braucht ein Hobbypizzabäcker für zu Hause keinen gewerblichen Pizzaofen, der die Maße einer Einzimmerwohnung hat und das Verhältnis zum Partner bzw. zur Partnerin ein für alle Mal trüben könnte, nicht zuletzt aufgrund der steigenden Stromrechnung.

Es gibt im Handel einfach zu bedienende elektrische Pizzaöfen für den Privatgebrauch, die sehr gute Pizzas hervorbringen.

Sie sind etwas größer als ein Topf und auf die Maße einer mittleren Pizza zugeschnitten, haben also etwa dreißig Zentimeter Durchmesser und bestehen aus einem Untergestell, in dem sich die Widerstände zum Erwärmen des feuerfesten Steins befinden, sowie einem Deckel mit den Widerständen zum Backen der Oberfläche.

Darin lässt sich relativ zügig eine Pizza nach der anderen backen, selbst wenn 250 °C nur selten überschritten werden. Außerdem sind diese Öfen so eingestellt, dass sie sich ab einer bestimmten Hitze automatisch abschalten, damit die einzelnen Elemente wieder abkühlen können.

Schon mit kleinen technischen Änderungen kann man jedoch die Temperatur leicht anheben und die Abkühlzeit auf ein Minimum reduzieren.

Man muss sich nur wie MacGyver frisieren und die Ärmel hochkrempeln.

3.1. Übertemperatursicherung

Oft liegt das Problem bei der Position der Übertemperatursicherung.

Befindet sich diese bei dem Ofenmodell, das der Hobbypizzabäcker erworben hat, zu nahe an der Wärmequelle, also an den Kabeln, die die Widerstände mit Strom versorgen, heizt sie sich zu schnell auf und tut, was sie tun soll: Sie unterbricht den Stromkreislauf. Möglicherweise geht sie sogar kaputt.

In diesem Fall genügt es, die Übertemperatursicherung herauszumontieren, mit kleinen Streifen Steinwolle und ein wenig Alu zu umwickeln – Alufolie für Lebensmittel passt wunderbar – und wieder einzusetzen.

Die Ummantelung hilft, das kleine Gerät länger kühl zu halten und dadurch höhere Temperaturen im Ofen zu erzielen. Außerdem bleibt die Sicherung so länger funktionsfähig.

3.2. Hitzeregler und Thermostat

Die Thermostate in den Öfen für Privathaushalte funktionieren in der Regel nach einem ähnlichen

Prinzip. Die meisten Hersteller integrieren eine Sicherung in den Hitzeregler, und manchmal stellt man fest, dass die angezeigte Temperatur nie wirklich erreicht wird.

In diesem Fall braucht man nur einen Schraubenzieher, einen Nagelknipser und etwas Geduld.

Als Erstes nimmt man die Blende des Ofens ab, an der sich der Hitzeregler befindet.

Dafür muss man nur vier Schrauben lösen.

Der Thermostat befindet sich unmittelbar hinter dem Regler, ein kleines, wundersames Ding, dessen Funktionsweise auf der thermischen Ausdehnung metallischer Körper basiert. Über einen Schnappschalter, der sich der Temperatur anpasst, sorgt ein winziger Hebel dafür, dass die Stromzufuhr zu den Widerständen, die die Hitze erzeugen, unterbrochen beziehungsweise gefördert wird.

Stellen wir den Regler auf Maximaltemperatur, springt für gewöhnlich ein kleiner Stift aus dem Zylinder, der ihn stützt, und das Ansteigen der Temperatur wird verhindert. Doch oft hat der Thermostat dann seine Maximaltemperatur noch gar nicht erreicht, wofür wiederum eine andere, metallene Sicherung sorgt, die sich auf der gegenüberliegenden Seite des Gerätes befindet. Man muss nur ein-, zweimal am Temperaturregler drehen, um zu sehen, wie der Mechanismus funktioniert.

Hat man das Prinzip begriffen, schnappt man sich den Nagelzwicker und entfernt die Plastiksicherung, sodass der Hitzeregler sich bis zum Anschlag drehen lässt und den Thermostat abschaltet. Schließlich schraubt man alles wieder zusammen – und fertig. Auf diese Weise kann man einen Ofen, der laut Bedienungsanleitung nur 230 °C erreicht, locker bis auf 300 °C tunen. Oder etwas darunter.

Es sei denn, man stolpert unterwegs über irgendein Ventil, das die Maximaltemperatur des Ofens misst und vor einer Überhitzung die Stromzufuhr automatisch unterbricht. Ist ein solches Sicherheitssystem in den Ofen integriert, muss man es mithilfe eines Drahtes, der das Ventil umgeht, ausschalten. Eine Schere und ein Lötkolben reichen dazu völlig aus. Oder, noch besser: ein Freund, der Elektrotechniker ist.

3.3. Alu-Teller und Hitze-Deflektor

Nicht immer ist es ratsam, an der Elektrik des hauseigenen Ofens herumzutüfteln. Die Materialien sind nicht in jedem Fall für höhere Temperaturen getestet, und man läuft Gefahr, den Betrieb des Gerätes zu beeinträchtigen. Will man ganz sichergehen, gibt es einen Trick, wie man die Wärmespeicherung im Ofen optimiert, ohne auch nur einen einzigen Draht anzufassen. Die erste kleine Veränderung wird durch eine klassische Alu-Grillschale erreicht. Sie wird flachgedrückt und am Boden des Ofens befestigt. Das dient zur Wärmereflektion und verhindert, dass sich die Decke des Ofens übermäßig aufheizt.

Ein letzter, noch effektiverer Trick zielt darauf ab, die Wärme an die Ränder des Pizzasteins umzuleiten, damit der Rand der Pizza besser gelingt. Dazu kann man den Wärmedeflektor eines beliebigen Aluminiumtopfes verwenden: Er befindet sich an der Unterseite des Deckels und ist mit derselben Schraube befestigt wie der Deckelknauf. Dieser Hitze-Deflektor, oder auch einfach der Deckel eines alten Kochtopfes, ermöglicht die Wärmereflektion und das Abgeben der Hitze nach außen, wodurch vermieden wird, dass sie sich in der Mitte der Pizza sammelt, was für gewöhnlich keine Problemzone darstellt, weil es der heißeste Punkt im Ofen ist.

4. Haushaltsgasöfen

Besitzt man jedoch einen der weit verbreiteten Gasöfen, kann jeder noch so motivierte Hobbypizzabäcker endgültig seine Ambitionen begraben.

Was nützen ein erstklassiger Teig und meister-

haft geformte Teiglinge, wenn die Pizza anschließend unweigerlich dem Tode geweiht ist?

Wie heißt es so schön? Als Tiger springen und
als Bettvorleger landen. Mit einem Gasherd endet
zwar nicht der Pizzabäcker als Bettvorleger – aber
die Pizza sehr wahrscheinlich schon. Im schlimmsten Fall.

Das hat einen ganz einfachen Grund.

Ein Gasherd für den häuslichen Gebrauch ist
nicht dafür gemacht, hohe Temperaturen zu erzeugen – andernfalls würden 4000 Euro für eine Kü-
cheneinrichtung nicht reichen, weil der Ofen allein
schon 3000 Euro kosten würde.

Verzichtet man auf spezielle Tricks, nimmt man
keine Veränderungen am Material vor, muss man
sich darauf einstellen, mit viel niedrigeren Temperaturen backen zu müssen.

Wollt ihr für mehrere Personen Pizza backen, ist
es wenig realistisch, mehr als zwei Pizzas gleichzeitig hinkriegen zu wollen; nach dem ersten Backgang fällt die Temperatur extrem ab, in etwa auf die
winterlichen Tiefstwerte in Moskau.

Ihr müsst euch ein für alle Mal damit abfinden,
dass eure Gäste nur im Doppel, und das im Drei-
ßigminutentakt, Pizza essen können.

Eine bessere Idee allerdings wäre es, einen anderen Teig zu verwenden und nicht den traditionellen

für die klassische Tellerpizza. Es genügt, mehr Hefe hinzuzugeben und die Pizza in einer Auflaufform oder einer feuerfesten Tonschüssel zu backen.

So nutzt ihr den Platz in eurem Ofen optimal aus, und die Pizza wird dicker.

In unserer Pizzeria stellen wir auch Meterpizzas her; mit einer fünfzig Zentimeter langen, vierzig Zentimeter breiten und drei Finger hohen Pizza bekommt man locker vier Personen satt.

Wenn man sie dann noch viertelt und unterschiedlich belegt, muss niemand auf seine Lieblingspizza verzichten, und alle können gemeinsam essen.

5. Für alle Sturköpfe unter den Hobbypizzabäckern

Wer dennoch auch zu Hause, Gasofen zum Trotz, eine Pizza essen will, wie man sie in der Pizzeria bekommt, sollte einige Hinweise befolgen.

Zuallererst: Den Ofen auf höchster Stufe und mit Umluft (wenn es diese Einstellung gibt) gut vorheizen.

Die Pizza nicht auf dem üblichen Blech backen, Aluminiumbleche sind effektiver.

Ideal wäre es, sich einen nicht zu dicken Pizzastein zu besorgen, ein Zentimeter genügt vollkommen.

Der Pizzastein bäckt das Fundament der Pizza besser, er zieht die Feuchtigkeit heraus und macht es griffiger, während es auf dem Blech eher glatt und flüssig bleibt.

Beim Anschalten des Ofens legt man den Pizzastein auf den Gitterrost und lässt ihn dort mindestens eine halbe Stunde richtig aufheizen.

Der Gasofen erzeugt zwar gut Wärme, das Problem ist aber, dass die Strahlung nicht konstant abgegeben wird. Der Brenner hebt und senkt ständig die Temperatur; er schaltet sich ab, wenn er die Maximaltemperatur erreicht hat, und wieder ein, wenn sie zu tief abgefallen ist.

Sobald der Ofen seine maximale Hitze erreicht hat, solltet ihr den Regler etwas zurückdrehen: So verläuft der Backvorgang gleichmäßiger, und man vermeidet die Hügellandschaft auf der Oberfläche der Pizza.

Der Gitterrost mit dem Pizzastein sollte auf der obersten Schiene liegen. Dann könnt ihr die Pizza einschießen. Hat euer Herd eine Grillfunktion, solltet ihr sie jetzt einschalten, damit auch die Oberseite der Pizza richtig Farbe bekommt. Nicht bei allen Modellen ist es möglich, die Grillfunktion bei geschlossener Ofentür zu aktivieren. In diesem Fall wechselt ihr von Umluft auf gleichmäßige Hitze.

Behaltet eure Pizza im Auge, und seid auf alles gefasst.

Es braucht viele Versuche, um optimale Bedingungen für die Pizza zu schaffen. Und selbst dann kann noch alles Mögliche passieren, was euch binnen Sekunden von höchster Ekstase in tiefste Verzweiflung stürzt.

Das Pizzabacken lässt sich eher dem Bereich der Chaostheorie zuordnen als der Kunst der Kulinarik. Nicht immer funktionieren die Dinge so, wie man es erwartet hat. Es ist unmöglich, das Ergebnis vorherzusehen, selbst wenn man immer unter denselben Voraussetzungen beginnt: Gleicher Teig, gleicher Ofen, gleiche Zutaten ergeben nicht immer die gleiche Pizza. Die noch so kleinste Abweichung führt zu einem völlig anderen Resultat. Wenn der Flügelschlag eines Schmetterlings in eurer Küche schon ausreicht, um in Asien einen Hurrikan auszulösen, welche Folgen hat dann erst ein Temperaturanstieg um zehn Grad in eurem Gasofen?

Das Wichtigste ist, die Dinge nicht allzu ernst zu nehmen und für den Fall der Fälle eine Notlösung parat zu haben.

DER TEIG

Der Teig ist eine ungezähmte Kreatur, mit der sich jeder Hobbypizzabäcker gern herumschlägt.

Das Pizzabacken lässt sich nicht auf eine mathematische Formel herunterbrechen; es ist eine Geisteshaltung.

Die Grundzutaten des Teigs sind nicht weiter kompliziert: Mehl, Wasser, Hefe, Öl und Salz.

Es ist jedoch eine Illusion zu glauben, man bekäme jedes Mal das gleiche Ergebnis, wenn man nur die Mengenangaben eines beliebigen Rezeptes genau befolgt, immer dieselben Produkte verwendet und die Zeiten für Stock- und Stückgare exakt einhält. Kein Teig ist wie der andere, im besten Fall ähneln sie einander.

Genau darin liegt die Kunst des Teigmachens: nicht so sehr darin, einen Teig herzustellen, der schmeckt, sondern darin, ihn wieder so ähnlich hinzubekommen wie beim letzten Mal.

Bei der Zubereitung einer Pizza werden unkontrollierbare Prozesse in Gang gesetzt; allein im Teig spielen sich während der Gärung mindestens dreihundert chemische Reaktionen ab.

Der Teig reagiert auf alles.

Auf die Wassertemperatur, die Feuchtigkeit des Mehls, die Raumtemperatur; er reagiert genauso auf die ausstehende Gasrechnung, auf Probleme am Arbeitsplatz und die Fußballergebnisse der Lieblingsmannschaft.

Gab es Streit mit der Frau oder Freundin, spürt das der Teig und verhält sich dementsprechend; dann ist nur noch die Frage, ob er sich von seiner angenehmen oder seiner fiesen Seite zeigen will.

Alles hat Einfluss.

Den perfekten Teig herzustellen ist ein gigantisches Unterfangen, das bisher nur eine Handvoll Pizzabäcker überlebt hat.

Zum Vorteil eines jeden Hobbypizzabäckers.

Denn hat man erst einmal damit aufgehört, nach dem perfekten Teig zu streben, ständig mit dem Thermometer zur Überprüfung der Wassertemperatur herumzulaufen oder auf die Uhr zu schauen, ob der Teig auch ausreichend geruht hat – dann wird auf einmal alles viel leichter.

Unser Ziel als Hobbypizzabäcker besteht im Grunde nur darin, gute, schöne und halbwegs stabile Pizzas hinzubekommen, auch wenn das Schicksal versucht, uns ein Schnippchen zu schlagen.

Wir wollen keinen Wettbewerb gewinnen.

Wir wollen nur eine Pizza essen oder unseren Gästen eine Pizza servieren, ohne sie dabei zu vergiften.

Teig mit speziellen Mehlsorten

Aktuell erleben wir eine Art Renaissance des Brotbackens, das sich, nach Jahren des Vergessens, wieder großer Beliebtheit erfreut.

Es wird experimentiert und durch den Einsatz unkonventioneller Zutaten auch mehr gewagt.

Viele der trendigen Pizzerien bieten Alternativen zu den Pizzas aus herkömmlichen Mehlsorten, und einige von ihnen sind nicht zuletzt deswegen erst groß rausgekommen.

Da ich persönlich immer an Dingen interessiert bin, die einem das Leben schwer machen, konnte ich nicht widerstehen und habe einige der Mehlsorten mit exotisch klingendem Namen, die derzeit die Regale von Supermärkten und Lebensmittelgeschäften sprengen, auf die Probe gestellt.

Anbei einige Anmerkungen zu den Favoriten unter den angesagten Mehlsorten: Dinkel und Kamut.

1. Dinkel

Dinkel ist das älteste von Menschen angebaute Getreide und wird in drei Sorten unterteilt: Einkorn, Emmer und Spelz.

Einkorn ist die älteste Sorte und trägt seinen Namen, weil es in den Spindelgliedern der Ährchen nur ein einzelnes Korn enthält. Einkorn wird von allen drei Sorten am seltensten angebaut.

Emmer, mit zwei Körnern pro Ährchen, ist in Italien am weitesten verbreitet und gilt als der eigentliche Dinkel.

Spelz ist eine Kreuzung aus Emmer und einem wilden Süßgras. Auch Spelz hat zwei Körner pro Ährchen, die sich bei voller Reife bis zum Boden neigen. In Italien wird Spelz eher selten angebaut.

Jahrhundertelang hat Dinkelmehl Millionen von Menschen ernährt, darunter sämtliche römische Legionäre, bis es nahezu in Vergessenheit geriet, vor allem seit die Sklaverei aus der Mode gekommen war, denn die Körner mussten vor dem Mahlen in Handarbeit aus den Ähren herausgelöst werden.

Dinkelmehl ist von intensivem Geruch und hat einen hohen Protein- und Fasergehalt, wobei der Brennwert niedrig ist.

Was die Pizza betrifft, ist es praktisch unmöglich, einen Teig aus reinem Dinkelmehl herzustellen. Wird es nicht mit Hartweizenmehl gestreckt, wird der Teig so klebrig, dass man ihn kaum aus der Rührschüssel bekommt.

Und schafft man es doch, kriegt man ihn nicht von den Fingern.

Hat man ihn schließlich von den Fingern gepult, beginnt er in Lichtgeschwindigkeit zu gären. Einen Teigling aus reinem Dinkelmehl ohne Risse zu ziehen ist eine Tortur. Dafür wird alljährlich ein eigener Nobelpreis verliehen – im Ernst.

Spätestens beim anschließenden Belegen bricht der Teig. Es passiert generell nicht oft, dass man eine Pizza beim Belegen kaputt kriegt. Mit einem reinen Dinkelteig aber ist es nicht nur sehr wahrscheinlich, es passiert mit hundertprozentiger Sicherheit. Ich habe jeden einzelnen Dinkel-Pizzaboden, den ich ohne Risse gezogen habe, beim Belegen zerbrochen.

Streckt man das Dinkelmehl im richtigen Verhältnis mit Mehl Type o, also 40 Prozent Dinkelmehl auf 60 Prozent Mehl Type o, tut das dem Dinkelteig in Farbe, Geschmack und Aroma keinerlei Abbruch.

Ratsam ist es, so wenig Hefe wie möglich und mehr Salz als gewöhnlich zu verwenden. Das zusätzliche Salz zögert den Gärungsprozesses etwas weiter hinaus und verleiht dem Ganzen zusätzlich eine würzigere Note, da Dinkelteig oft milder ausfällt als ein Teig aus Hartweizenmehl.

Bei der Aufarbeitung bleibt er dennoch unbezähmbar.

Mein Rat wäre, den Teigling nur wenig zu ziehen und beim Ausklopfen besonders vorsichtig zu sein, denn Dinkelteig ist alles andere als elastisch und dehnt sich schon aus, wenn man nur einmal kurz hinsieht.

Gebt die Pizza ein paar Minuten in den Ofen, bevor ihr sie belegt, damit sie stabiler wird und die Tomatensauce trägt.

2. Kamut®

Kamut ist derzeit die angesagteste und hippste Zutat, die es je ins Pizza-Universum geschafft hat. Den Lokalen, die ihn als Erstes auf den Tisch brachten, hat er einen enormen finanziellen Erfolg beschert. Sein Name leitet sich von dem altägyptischen Wort für »Korn« ab (Kamut = »Seele der Erde«).

Allein diese Tatsache genügte, um Millionen von Konsumenten in Entzücken zu versetzen.

Oft findet man Kamut auch unter der Bezeichnung »Korn des Pharaos«, denn er kann sich nobler Abstammung rühmen; einer Legende nach stammt er direkt von Körnern, die in einer Pyramide neben einem goldenen Sarkophag gefunden wurden.

Kamut ist die Hollywood-Diva unter den Getreiden.

Es gibt nur ein einziges Problem.

Kamut ist eine beim US-Landwirtschaftsministerium eingetragene Qualitätsmarke, die sich ein gewisser Bob Quinn für das ausschließlich in seinem Betrieb hergestellte Mehl aus biologischem Anbau patentieren ließ.

Derselbe Bob Quinn hatte bereits Jahre zuvor auf amerikanischen Messen Kamut geschickt als »Korn des Pharaos Tutanchamun« vermarktet.

In Wahrheit ist Kamut® der geschützte Markenname eines Mehls, auch bekannt unter der Bezeichnung Khorasan-Weizen, das sich aus unterschiedlichen Hartweizensorten zusammensetzt und ursprünglich aus dem Iran stammt.

Anstatt »Korn des Pharaos Tutanchamun« müsste es daher eigentlich »Aladdin« oder »Ali Baba« heißen.

Khorasan-Weizen kann von jedem überall angebaut werden, will man aber die Bezeichnung Kamut® verwenden, muss man die Lizenzrechte bei Herrn Quinn erwerben und in seine Produktionsgenossenschaft eintreten.

Registriert ist Kamut unter dem Namen QK-77, nicht zu verwechseln mit AK-47, was eine andere Bezeichnung für die Kalaschnikow ist.

Das Kamutmehl hat im Vergleich zu anderen Mehlsorten einen hohen Protein- und Fettgehalt und enthält wenig Fasern und Aminosäuren.

Zur Zubereitung von Pizzateig muss man es weitaus weniger mit anderen Mehlsorten strecken als Dinkelmehl, und es lässt sich viel leichter bearbeiten.

Es hat eine wunderbare goldene Färbung und einen Duft, dass man es am liebsten roh essen würde.

Pizzas aus Kamutmehl werden im Ofen eher etwas dicker und bleiben weicher als herkömmliche, auch in Öfen, die keine optimale Temperatur haben.

Mutterhefe oder Bierhefe?

Die eigentliche Hauptrolle aber spielt die Hefe.

Nach jahrelangem Schattendasein feiert der Sauerteig, im allgemeinen Sprachgebrauch eher unter seinem italienischen, etwas heroisch anmutenden Spitznamen Mutterhefe (*lievito madre*) bekannt, neuerdings wieder sein Comeback.

Die Besonderheit der Mutterhefe liegt in ihrer Unverwüstlichkeit.

Theoretisch kann ein Sauerteig Jahrhunderte

überstehen, wenn er von Generation zu Generation aufgefrischt wird.

Es gibt Menschen, die 150 Jahre alte Hefestämme verwenden.

Die Tatsache, dass sie seit Menschengedenken existiert, verleiht der Mutterhefe eine unglaubliche Faszination.

Es haftet ihr aber auch der Beigeschmack alter Häuser an, dieser beißende Geruch, der unsere Urgroßeltern umwehte, wenn sie ihre Festtagskleidung aus dem Schrank hervorholten.

Ich habe meine Urgroßeltern nie kennengelernt, geschweige denn an Festtagen gesehen; wenn sie denn überhaupt welche erlebt haben. Korrekter wäre es also zu sagen, der Mutterhefe haftet der Geruch jener Dinge an, die meine Großmutter von ihren Eltern in der Kommode aufbewahrt hat.

Um die Frage, was besser sei, Mutterhefe oder Bierhefe, sind unter Pizzabäckern schon wahre Glaubenskriege geführt worden, das konnt ihr im Internet nachlesen.

Eines wird dabei allerdings immer verwechselt.

Es stimmt nicht, dass Mutterhefe ein natürliches Produkt ist und Bierhefe ein künstliches.

Beide sind natürlich, nur unterliegen sie unterschiedlichen chemischen Prozessen.

Mutterhefe ist eine Mischung aus Wasser und

Mehl, die man dem Prozess der Zersetzung überlässt, jedoch im richtigen Moment durch erneute Wasser- und Mehlzugabe wieder auffrischt. Dadurch werden jene Milchsäurebakterien aktiv gehalten, die für die Hefebildung verantwortlich sind.

Ein mit Mutterhefe hergestellter Teig hat ein für Feinschmecker erkennbares, ausgeprägteres Aroma, auch wenn die Grundnote etwas säuerlicher ist, was nicht allen zusagt.

Andererseits beugt die Säure Schimmel vor und sorgt für eine längere Haltbarkeit der verarbeiteten Produkte.

Bierhefe ist ebenso alt und wurde bereits im antiken Ägypten verwendet (der Hefewürfel des Pharaos Tutanchamun Sol!), hat aber als Basis Hefepilze, keine Bakterien. Die Zellen vermehren sich durch den Prozess der Knospung, sie fermentieren und gären.

Im Gegensatz zur Mutterhefe, die bei der Gärung Milchsäure produziert, entsteht bei Bierhefe Ethanol, also Alkohol (»Prost!«, »Rummenigge!«).

Das Genom der Bierhefe hat eine 23-prozentige Überschneidung mit dem Genom des Menschen. Dennoch würde ich davon abraten, den eigenen Finger als Backtriebmittel zu verwenden, denn das Genom des Menschen hat auch eine 50-prozentige Überschneidung mit dem der Banane und eine 80-prozentige Überschneidung mit dem eines einen Millimeter langen Wurms, und trotzdem machen wir keine Shakes aus unseren Körperteilen oder benutzen sie als Köder beim Angeln.

Das Genom der Bierhefe beinhaltet – wie auch das der Pflanzen – mehr DNA als das des Menschen.

Vielleicht ist das Teigmachen auch deshalb eine ungenaue Wissenschaft.

Wenn die DNA einer Lilie schon achtzehn Mal länger ist als unsere, wie mag es da erst bei einem Hefewürfel aussehen?

Ich persönlich verwende für den Teig Bierhefe, denn selbst wenn ihr genetisches Erbgut ein ziemliches Durcheinander darstellt, finde ich es immer noch einfacher, Bierhefe zu kaufen, als ständig auf die Mutterhefe aufzupassen und sie alle drei Tage aufzufrischen.

Ich habe schon Pizzas mit Mutterhefe probiert, und hätte ich es nicht gewusst, ich hätte keinen Unterschied zu einem Teig mit Bierhefe herausgeschmeckt.

Das liegt bestimmt an mir, denn auch beim Essen bin ich Laie, aber ich kann nur von meiner persönlichen Erfahrung sprechen.

Ein Großteil der Probleme beim Umgang mit

Bierhefe entsteht dadurch, dass man viel zu viel davon nimmt.

Wenn ihr nach einem Pizzaessen ins Bett geht und kein Auge zubekommt, weil ihr vor lauter trockenem Mund und brennendem Hals ständig Wasser trinken müsst, dann war weder zu viel Salz in der Tomatensauce noch der Schinken abgelaufen, sondern der Teig hatte ganz einfach zu viel Hefe.

In unserer Pizzeria verwenden wir Bierhefe, aber wir machen nur einmal die Woche Teig.

Bei uns könnt ihr sogar zwei Pizzas essen und schlaft danach wie ein Engel.

Die Gärung ist ein exponentieller Prozess; mehr oder weniger Hefe bedeutet nicht gleich mehr oder weniger Triebkraft.

Die Hefemenge entscheidet über die Dauer des Gärprozesses, nicht über das Ergebnis.

Auch mit einem winzigen Krümel Hefe, aufgelöst in einem Liter Wasser, gärt der Teig, nur braucht er dazu länger.

Sauerteig ist ideal, um Brot zu backen, kein Zweifel. Was das betrifft, ist Bierhefe keine Alternative.

Das Brot hält sich länger und wird nicht schon kurz nach dem Abendessen trocken und hart wie Sperrholz.

Aber ich frage mich, wozu es gut sein soll, eine Pizza nach dem Backen länger aufzubewahren: Der

Teig würde vielleicht jahrzehntelang keinen Schimmel ansetzen, aber der Mozzarella wäre schon viel früher eine einzige Katastrophe.

Trotz allem steht es natürlich jedem Hobbypizzabäcker frei, die Hefe zu verwenden, die er will.

Es ist nicht so wichtig, welche Hefe man benutzt, solange man sie nur richtig benutzt. Man sollte aber bedenken, dass Mutterhefe sehr viel umständlicher in der Pflege ist als Bierhefe; sie muss nicht nur, wie bereits erwähnt, regelmäßig aufgefrischt werden, man muss sie überhaupt erst ziehen. Und wie mit allem, was mit dem Pizzabacken zu tun hat, ist auch das Ziehen von Mutterhefe so einfach, dass die Gradlinie zwischen Triumph und Niederlage unsichtbar bleibt, so subtil sie auch sein mag.

Die Herstellung von Mutterhefe

Mutterhefe herzustellen ist etwas Einzigartiges, das bei Weitem nicht zu vergleichen ist mit dem Auflösen von Bierhefe in Wasser.

Mutterhefe zu ziehen in dem Wissen, dass diese Stämme noch von unseren Kindeskindern verwendet werden könnten, und zugleich Handgriffe auszuführen, die so alt sind wie die Menschheit, das lässt einen nicht unberührt.

Man spürt regelrecht, wie die Jahrtausende staub-ähnlich auf einem ruhen. Man fühlt sich ganz im Einklang mit dem Schöpfer. Wenn ich Mutter-hefe zubereite, komme ich mir immer vor wie ein Hobbit.

Die Zutaten sind nichts weiter als 200 Gramm Mehl und 100 Milliliter lauwarmes Wasser.

Sucht man im Internet nach Tipps für die Zube-reitung eines Sauerteigs, findet man eine Unmenge verschiedener Temperaturangaben, jede mit dem Hinweis, sie unbedingt einzuhalten.

Ich gehe einfach mal davon aus, dass keiner von euch Hobbypizzabäckern in einem Iglu oder einem Beduinenzelt inmitten der Sahara lebt: Die normale Zimmertemperatur, wo und wie immer ihr auch wohnt, reicht also vollkommen aus.

Das Mehl wird in einen Behälter gegeben, dann fügt man nach und nach das Wasser hinzu, bis man einen homogenen Teig erhält.

Anschließend wird der Teig in einen Glasbehäl-ter umgefüllt; in die Oberfläche ritzt ihr kreuzför-mige Kerbungen und bedeckt das Ganze mit einem feuchten Küchenhandtuch oder einer durchlässigen Frischhaltefolie.

Nun lasst ihr den Teig 48 Stunden bei Zimmer-temperatur ruhen. Wenn ihr irgendwo eine Obst-schale stehen habt – und ich gehe mal davon aus, dass darin reifes Obst liegt –, stellt sie möglichst in die Nähe eures Teiges. Wie gesagt, die Brotherstellung hat weniger mit Wissenschaft, als vielmehr mit Magie zu tun; reifes Obst fördert den Prozess der Gärung.

Nach 48 Stunden wird der Teig gewogen, dann wird eine dem Gewicht entsprechende Menge Mehl hinzugefügt sowie die Hälfte der ursprünglichen Menge an Wasser (in unserem konkreten Fall also 50 Milliliter). Nun wird alles vermengt und wieder mit dem feuchten Küchenhandtuch zugedeckt.

Weitere 48 Stunden später wiederholt man diese Prozedur (die wir als Auffrischen bezeichnen): so viel Mehl hinzugeben, wie der aufzufrischende Teig wiegt, und außerdem die Hälfte der Wassermenge.

Achtet darauf, dass das Glasgefäß, in dem ihr den Teig aufbewahrt, ausreichend groß ist, denn er wird ein stattliches Volumen entwickeln.

Am sechsten Tag, nach zwei Auffrischungsdurchgängen, müsste der Sauerteig fertig sein und einen intensiven Essiggeruch verströmen. Jetzt könnt ihr endlich wieder aus eurer Höhle kriechen und erhobenen Hauptes, stolz wie ein General bei der Parade, eine Runde durch Hobbingen drehen.

Die Mutterhefe kann problemlos eine Woche im Kühlschrank aufbewahrt werden, wobei nach einer Woche eine weitere Auffrischung mit der bereits beschriebenen Prozedur notwendig ist. Bevor man die Mutterhefe wieder in den Kühlschrank stellt, sollte sie – mit dem feuchten Küchenhandtuch oder Frischhaltefolie zugedeckt – sechs Stunden bei Zimmertemperatur stehen bleiben.

Damit sich die Mutterhefe über Jahrhunderte hält, muss alle sechs oder sieben Tage eine solche Auffrischung vorgenommen werden. Und zwar dauerhaft.

Idealerweise sollte die Mutterhefe drei Stunden vor einer Weiterverarbeitung aus dem Kühlschrank genommen werden.

Das Verhältnis Mutterhefe-Mehl beträgt für einen Pizzateig in etwa 15 zu 100, bzw. 150 Gramm Mutterhefe auf 1 Kilogramm Mehl.

Kreuz und Segen

»Welchen Teig benutzt du eigentlich?«, lautet die Frage, die mir am häufigsten gestellt wird.

Die einzig mögliche Antwort ist: »Meinen.«

Jeder fabriziert seinen eigenen Teig, vom mehrfach gekürten Meisterpizzabäcker bis hin zum laienhaften Experten, der sich seit Jahren in seinen vier Wänden leidenschaftlich im Pizzabacken versucht.

Dank Internet hat man inzwischen Zugriff auf Milliarden von Teigideen. Allerdings besteht dabei auch die Gefahr, sich allzu leicht abschrecken zu lassen.

Man findet eine Flut unterschiedlichster Teigsorten, bei deren Herstellung eine ebenso große Anzahl an Temperaturen gegenübergestellt wird, wobei die Wasseraufnahme der Mehltypen, ihre Konsistenz oder die Luftfeuchtigkeit ins Spiel gebracht werden.

Mehl – darüber könnte man stundenlang reden.

Man bekommt es überall: in Bäckereien, in Supermärkten. In einem Dorf wie Casola wird es sogar in Zeitschriften- und Tabakgeschäften angeboten, denn wir haben noch diese wunderbaren Krämerläden, wie im Wilden Westen.

Es gibt Leute, die mischen Joghurt unter ihren Teig, oder Milch, Wein, Safran, Oregano, Honig, ja sogar Kieselsteine aus dem Fluss; es gibt nichts, was es nicht gibt.

Man findet wirklich fantastische Teigsorten.

Aber mit ihnen verhält es sich nicht anders als mit dem Hackentrick oder dem Fallrückzieher im Fußball: wunderschön anzusehen, aber schwierig auszuführen und bringen selten ein Tor.

Wir wollen ja schließlich in erster Linie Pizzateig machen; uns genügt schon ein 1:0 im Auswärtsspiel oder sogar ein würdevolles Unentschieden.

Ein schlauer Hobbypizzabäcker entfernt sich nie allzu weit von den Grundzutaten.

Wir kennen sie bereits: Wasser, Mehl, Hefe und Salz.

Salz wird erst später hinzugefügt, etwa nach der Hälfte der Aufarbeitung, denn es dient dazu, den Prozess etwas zu verlangsamen.

Noch immer hält sich das hartnäckige Gerücht, Salz unterbinde die Gärung.

Das kann aber nur dann passieren, wenn Hefe und Salz in direkten Kontakt miteinander geraten, etwa wenn man sie zusammen in ein und demselben Wassergefäß auflöst. Allerdings müsste man dazu schon eine unverhältnismäßig große Menge Salz verwenden, und ich gehe davon aus, dass keiner unter den Hobbypizzabäckern so schusselig wäre, ein Kilo Salz in einen Liter Wasser zu kippen.

Salz stoppt die Gärung nicht, es verzögert sie nur.

Zusätzlich zum Salz gebe ich etwas Öl hinzu.

Das Teigrezept meines Onkels, das wir in der Pizzeria verwenden, darf ich euch leider nicht verraten.

Nur so viel: Wir nehmen Hartweizenmehl Type o.

Für mich persönlich gibt es nichts Besseres.

Ob dies auch für unseren Teig zutrifft, kann ich

wirklich nicht sagen. Tatsache ist jedoch, dass keine der Aushilfen, die wir über die Jahrzehnte hinweg hatten, jemals dabei sein durfte, wenn wir den Teig vorbereiteten.

Mein Onkel Antonio hütet das Geheimnis um das Rezept wie seinen Augapfel; als handele es sich um die Coca-Cola-Rezeptur.

Teigzutaten: die wichtigsten Faustregeln

Mehl: Das italienische Mehl der Type o finde ich ideal, aber ich knete nicht per Hand, und für den Hausgebrauch könnte es vielleicht etwas zu schwer sein. Auch hier muss jeder seinen eigenen Weg finden. Ein Teig mit dem italienischen Mehl Type oo könnte möglicherweise zu geschmeidig zum Kneten sein. Man kann ihn jedoch verstärken, indem man ihn mit etwas Mehl Type o oder Manitobamehl, der wahren Königin unter den Pizzamehlsorten, streckt. Verwendet man Plätzchenmehl (was auch geht), muss man sich vorher im Klaren sein, dass die Pizza dann bei jedem Bissen kracht ...

Wasser: Leitungswasser geht auf alle Fälle. Wer in Gotham City lebt und allen Grund hat zu befürchten, dass aus der Leitung kein Trinkwasser, sondern tödliches Gift kommt, kann auf ein beliebiges handelsübliches Mineralwasser zurückgreifen.

Wasser sollte immer handwarm verwendet werden: Zu kaltes Wasser macht den Teig hart wie Granit, zu warmes unterbindet die Gärung.

Eine allgemeine Regel besagt, das Verhältnis Wasser-Mehl sollte immer bei 6:10 liegen.

Öl: Je mehr Öl man hinzugibt, umso intensiver duftet der Teig. Vorsicht allerdings vor zu viel Übermut, denn ab einer bestimmten Menge verhindert das Öl, dass sich die Zutaten des Teigs richtig binden.

Natives Olivenöl Extra ist unbestritten das Beste überhaupt. Sogar das Öl selbst weiß das und verhält sich dementsprechend einnehmend. Seine starke Persönlichkeit macht es für den Pizzateig eher ungeeignet, denn es verdrängt und überlagert alle anderen Aromen. Von den Kosten mal ganz abgesehen. Ihr könnt ein komplettes Gehalt sparen und büßt deswegen nicht gleich an Qualität ein, wenn ihr stattdessen normales Olivenöl verwendet.

Mit Sonnenblumenöl wird die Pizza krosser (aber auch um einiges fetter).

Für jemanden wie mich, der jegliche Art von Dogma ablehnt, ist auch Oliventresteröl eine Option. Zu seiner Herstellung werden die bereits ausgepressten Oliven verwendet, daher ist es eigentlich ein minderwertiges Öl. Niemand würde es als Beigabe zum Salat oder für eine Bruschetta empfehlen. Selbst ich nicht. Aber bei einem Pizzateig ist es durchaus vertretbar. Schließlich verwendet man im Vergleich zu Mehl und Wasser nur eine geringe Menge davon. Der Teig ist nicht nur essbar, sondern genauso gut und aromatisch, wie wenn ihr ihn mit Olivenöl gemacht hättet.

Salz: Natürlich immer feines Meersalz. Benutzt ihr aus Versehen grobes Salz, bleiben euch die Körner zwischen den Zähnen stecken. Das Salz darf dem Teig nie zusammen mit der Hefe beigegeben werden.

Einsteigertipps

Am besten versucht man sich zuerst am Teig eines anderen und ändert ihn dann, je nach erzieltem Resultat, entsprechend ab, bis man sein individuelles Rezept gefunden hat, das dem eigenen Geschmack, den jeweiligen Zutaten und den jeweiligen Möglichkeiten entspricht.

Blitzrezept für zwei oder drei Personen

Zutaten:
500 g Mehl
20 g Hefe
5–6 Esslöffel Natives Olivenöl Extra
2 Esslöffel Salz
300 ml Wasser

Üblicherweise wird die Hefe in Wasser aufgelöst und dann dem Mehl beigegeben. Je nach Geschick wird der Teig in einer Schüssel oder auf der Arbeitsfläche geknetet. Ich persönlich würde eher zur Schüssel greifen: Warum einen Reinfall riskieren und sich gleich am Anfang deswegen von der Partnerin zur Sau machen lassen?

Bilden Mehl und Wasser eine homogene Masse, gibt man das Salz und das Öl hinzu und knetet weiter.

Anschließend sollte man dem festen, geschmeidigen Teig eine bis eineinhalb Stunden Stockgare gönnen.

Mit anderen Worten: Lasst ihn bei Zimmertemperatur eine Weile unter einem feuchten Küchenhandtuch ruhen.

Vielleicht gelingt der Teig beim ersten Versuch nicht gleich fest und geschmeidig. Macht euch deswegen keinen Kopf, das geht vielen so. Wir wissen ja bereits, dass viele Faktoren ausschlaggebend sein können, angefangen von der Raumtemperatur bis hin zur Temperatur des Mehls, ganz abgesehen von der Wassertemperatur; sie alle haben sich gegen uns verschworen. Knetet einfach weiter, gebt vielleicht noch etwas Mehl hinzu, wenn der Teig zu feucht ist, und etwas Wasser, wenn er zu sehr bröselt.

Viele geben die Zutaten nicht gleichzeitig in die Schüssel, sondern beginnen zunächst mit Wasser und Hefe und fügen dann das Mehl während des Knetvorgangs nach und nach hinzu. Diese Methode wird vor allem von Pizzabäckern und Bäckern angewendet, die das Chaos von Berufs wegen zu managen verstehen. Für jemanden, der ungeübt ist, halte ich diese Methode eher für ungeeignet, denn schon die geringste Unsicherheit darüber, was die bereits verwendete Mehlmenge angeht und wie sich die Konsistenz des Teiges verändert, kann das Ganze kaputt machen. Es ist einfacher, den Überblick zu behalten, wenn man die Zutaten gleichzeitig untermischt, statt nach und nach. Mehl, Wasser, Hefe und Zucker zusammen gleich zu Beginn, anschließend Salz und Öl (nur in dieser Reihenfolge). So reduziert man das Risiko, einen Schmetterlingseffekt auszulösen.

Will der Teig nicht gehen und die Gäste können jeden Moment vor der Tür stehen, ist das kein Grund gleich zu verzweifeln. Werft den Teig einfach weg, und rennt schnell zum Supermarkt; dort gibt es kilometerlange Kühlregale mit Fertigpizzas. Bevor die Gäste da sind, kratzt ihr einfach den Mozzarella, die Tomatensauce und den Fertigbelag herunter, bestreicht den Boden mit eurer eigenen Tomatensauce, und legt anschließend frischen Mozzarella drauf. Zum Schluss verziert ihr alles mit sechs Löwenzahnblättern.

Wenn ihr die Pizza dann aus dem Ofen nehmt, werden die Gäste so entzückt und begeistert sein von dem Löwenzahn, dass ihnen der Fertigboden darunter überhaupt nicht auffallen wird.

Das Rezept lässt sich vereinfachen, indem man gleich zu Anfang das gesamte Mehl und die komplette Menge Wasser mit der aufgelösten Hefe mischt, dann aber etwas Zucker hinzufügt, und zwar genauso viel wie Salz (zwei Esslöffel), das aber erst später hinzukommt.

Erst wenn der Teig langsam Form annimmt, kommen zunächst das Salz und anschließend das Öl dazu. Lässt man den Teig nun gehen, sollte man nicht vergessen, den Boden des Gefäßes, in dem er ruht, zu bemehlen. Andernfalls könnte es zu einem Fiasko apokalyptischen Ausmaßes kommen, wenn man ihn später wieder versucht herauszuheben.

20 Gramm Hefe sind eine Menge. Das Rezept ist ideal für Pfannen- oder Blechpizza, weil der Teig

stark an Volumen gewinnt, oder auch für eine Pizza auf die Schnelle.

Notfalls kommt man auch gut nur mit der Hälfte des Teiges aus.

Zeitintensiveres Rezept

Zutaten:
ca. 300 ml lauwarmes Wasser
20 g Salz
5 g Bierhefe
500 g italienisches Mehl der Type 00
20 g Zucker

Die einzelnen Arbeitsschritte sind genau die glei-chen: Hefe in Wasser lösen und gemeinsam mit dem Zucker zum Mehl geben. Nimmt der Teig eine homo-gene Form an, erst Salz, dann Öl beimengen, bis bei-des völlig vom Teig absorbiert ist.

Auch wenn es streng genommen nicht üblich ist, empfehle ich, die Ruhephase zu überspringen und direkt zum Abteilen überzugehen, um Teiglinge zu formen.

Normalerweise geht man von einem Gewicht von 180 g pro Teigling aus, unser Teig ergibt also in etwa vier bis fünf.

*Bedeckt die Teiglinge mit dem obligaten feuchten
Küchenhandtuch, und legt sie für mindestens zwanzig Stunden in den Kühlschrank.*

*Denkt daran, sie mindestens eine Stunde vor der
Weiterverarbeitung wieder aus dem Kühlschrank zu
nehmen.*

An diesen beiden Rezepten könnt ihr euch nun
nach Lust und Laune austoben, bis ihr eure indivi-
duelle Note gefunden habt. Der Kreativität sind dabei keine Grenzen gesetzt.

Das Lagern des Teiges

Ähnlich wie für den Ofen, der so früh wie möglich
angeheizt werden sollte, gilt auch für den Teig: je
früher vorbereitet, desto besser.

Erstens kommt man so mit viel weniger Hefe aus,
und zweitens, schmeckt die Pizza besser.

Der unbearbeitete Teig sollte besser nicht gelagert werden, außer in Form von Teiglingen.

Bereitet sie mindestens einen Tag vorher zu.

Legt sie mit ausreichend Abstand zueinander in
einen Behälter, sodass sie einander, auch wenn sie
gegangen sind, nicht berühren, und deckt sie mit
einem angefeuchteten Küchenhandtuch zu.

So lassen sie sich im Kühlschrank aufbewahren.

Plant ihr, für viele Leute Pizza zu machen, oder wollt ihr mehrmals die Woche Pizza essen, könnt ihr eure Teiglinge auch länger im Voraus zubereiten, sie wie oben beschrieben unter einem feuchten Küchenhandtuch anordnen und so in die Tiefkühle schieben.

Beim Auftauen werdet ihr feststellen, dass sie nichts an Konsistenz eingebüßt haben; im Gegenteil, der Teig wird noch knuspriger.

Ein richtig eingefrorener Teigling hält sich bis zu drei Wochen.

Es kommt vor, dass Teiglinge eine bräunlich-grüne Färbung annehmen, das ist aber kein Grund zur Beunruhigung. Ursache ist die Hefe, die weiter arbeitet; die Pizza wird dadurch nur noch besser, wenn das überhaupt möglich ist. Ganz gewiss aber fällt sie aromatischer aus.

Das Abteilen

Kein italienischer Pizzabäckerverband wird euch einen Killer auf den Hals hetzen, wenn ihr, um den Teig für die Teiglinge zu portionieren, statt der bloßen Hände ein Messer benutzt.

Für einen gewerbsmäßigen Pizzabäcker, der viele

Teiglinge in kurzer Zeit herstellen muss, haben die Hände allerdings einen entscheidenden Vorteil: Man spart sich den Aufwand, die Teiglinge einzeln abzuwiegen, denn eine Handvoll Teig entspricht grob gerechnet der Menge für eine Pizza, also etwa 200 Gramm.

Die Dogmatiker unter den Pizzabäckern pochen darauf, diesen Arbeitsschritt ausschließlich von Hand auszuführen, um das Klebergerüst des Teigs nicht zu beschädigen.

Tatsächlich aber würde vermutlich ein Schnitt mit dem Messer weit weniger Schaden anrichten, als wenn ein Ungeübter den Teig in die Länge zieht und Stücke abreißt.

Nehmt einfach ein Messer, ihr riskiert damit nicht gleich euer Leben.

Wie man es hinbekommt, aus einer Handvoll rohen Teiges eine runde, geschliffene Kugel zu erhalten, gehört schon für einen angehenden Profipizzabäcker zu den schwierigsten Herausforderungen. Umso schwieriger muss es für einen Laien sein.

Als Erstes geben wir dem klobigen Teigling die Form eines Champignondeckels. Dies erreichen wir, indem wir den Teig in beide Hände nehmen und im Uhrzeigersinn drehen, wobei wir den Rand mit den Fingerspitzen nach innen biegen.

Ähnelt der Teig dem Hut eines Champignons

oder sieht er aus wie eine gewölbte fliegende Unter-
tasse, legen wir ihn auf die Arbeitsfläche. Nun stül-
pen wir eine Hand darüber, achten aber darauf, dass
etwas Spiel zwischen Hand und Teig bleibt und dass
wir nicht zu fest drücken, etwa so wie beim Knüppel der Gangschaltung.

Rollt man den Teig nun und drückt ihn leicht zusammen, wird er rund und kugelförmig.

Statt auf die Arbeitsfläche, kann man den Teig
auch auf die Handfläche legen. So mache ich es.

Inzwischen brauche ich drei Sekunden, um einen
Teigling zu schleifen, vor zwanzig Jahren, als ich an-
fing, brauchte ich eine Minute.

Es ist nicht schlimm, wenn die Kugel unten ein
Loch hat. Im Gegenteil: Umso besser! Dieses Loch,
oder manchmal auch nur ein kleiner Spalt, stellt
sicher, dass euch der Teig nicht in der Mitte reißt,
wenn ihr ihn später zieht.

Das Klebergerüst

Das Klebergerüst (auch Gluten), der Heilige Gral
der Dogmatiker unter den Pizzabäckern, ist das Gemisch zweier im Mehl vorhandener Proteinmole-
küle: Gliadin und Glutenin.

Beim Anteigen, per Hand oder mit dem Knethaken einer Küchenmaschine, und durch das Zuführen weiterer Zutaten verbinden sich diese beiden Proteine – die einander im natürlichen Zustand keines Blickes würdigen – zu einer Art Geflecht.

Ist die Strangbildung homogen, wird der Teig geschmeidig und ist fertig zur Weiterverarbeitung.

Das Klebergerüst ist wichtig, denn es hält das Kohlendioxid, das während der Gare durch die Hefe gebildet wird.

Würde sich das Klebergerüst nicht richtig bilden, würde das Gärgas entweichen; ist das Gerüst aber reif, bleibt das Gas im Innern des Teiges gefangen: Erst im Ofen entströmt das Gas, was für das Volumen der Pizza sorgt und sie luftig und knusprig macht.

Um mit dem bloßen Auge zu überprüfen, ob sich das Klebergerüst einwandfrei gebildet hat, braucht man nur den »Fenstertest« zu machen.

Dazu nimmt man eine kleine Portion Teig, stellt sich ans Fenster, zieht den Teig vorsichtig auseinander, bis eine dünne Teigmembran entsteht, und hält ihn gegen das Licht. Reißt die Membran, ist der Teig noch nicht lange genug geknetet.

Fühlt er sich straff beim Dehnen an und ist größtenteils durchscheinend, sollte er nicht weitergeknetet werden, dann besteht die Gefahr der Überknetung.

Ist er jedoch an den Stellen, wo ihr ihn festhaltet, lichtdurchlässig und in der Mitte kompakt und dehnbar, dann ist er genau richtig.

Die Konsistenz des Klebergerüstes kann man aber auch auf andere Weise erkennen: Ein Teig, der überhaupt nicht aufgearbeitet ist, sieht schlapp und traurig aus und bildet an der Oberfläche Klumpen.

Der Teig darf nicht trocken, aber auch nicht zu weich sein.

Bearbeitet ihn mit den Fäusten. Ich zumindest mache das immer so. Damit könnt ihr euch ganz nebenbei auch noch etwas abreagieren und für die ganzen Qualen rächen. Bleiben die Abdrücke der Knöchel im Teig zurück, ohne zu tief einzusinken, heißt das, dass ihr ein perfektes Klebergerüst gezimmert habt.

DAS ZIEHEN (ODER AUSZIEHEN) DER PIZZA

Ich verbringe mein Leben im Mehl.

Es gibt keinen Teil meines Körpers, der nicht früher oder später bemehlt ist.

Haare, Brust, sogar die Zehen sind mit Mehl überzogen, wenn es durch die Baumwollsocken dringt.

Habe ich es endlich geschafft, mich vom Holzstaub zu befreien, kommt das Mehl dran.

Manchmal, wenn ich von der Pizzeria nach unten gehe, um an der Bar ein Bier zu trinken, entdecke ich immer noch Mehl unter meinen Fingernägeln, obwohl sie wie poliert aussehen, so ausgiebig habe ich sie geschrubbt.

Du kannst dich noch so gründlich waschen, irgendwo klebt mit Sicherheit noch Mehl an dir.

Ein Staubrand am Hosenbund, ein Wölkchen an der Schuhspitze.

Es ist immer da.

Wenn du als Pizzabäcker arbeitest, lässt es dich nie mehr los.

Auf alle Fälle bleibt es in deiner Lunge, die nur schwer zu reinigen ist.

Ich denke, es wird sich erst endgültig von mir lösen, wenn ich meine Seele in Gottes Hand lege.

Dann wird es meinem zahnlosen Mund entweichen wie ein Hauch, und der Wind wird es durch das geöffnete Fenster hinaustragen.

Über den Baumwipfeln wird es seine letzten Kreise ziehen, und die Leute auf der Straße werden innehalten und aufschauen.

»Gott hat den Pizzabäcker zu sich gerufen«, werden sie sagen.

Weiß wie eine Schneeflocke wird es aufsteigen in den Himmel, doch noch bevor es ganz oben ankommt, wird ein letzter Windstoß es endgültig in alle Himmelsrichtungen verpuffen.

Und nichts von dem, was ich im Leben getan habe, wird mich überdauern.

Das ist gut so.

Denn von allen Pizzas, die ich je gebacken habe, wird nichts übrig bleiben.

Für mich das größte Kompliment überhaupt: eine Pizza, so luftig wie ein Hauch Mehl.

Der beste Freund des Pizzabäckers

Trotz der Leiden, die es uns auferlegt, ist das Mehl der beste Freund des Pizzabäckers.

Es ist wie der Protagonist in einem Film, der zu Beginn als der Fiese dasteht, sich am Ende aber als der einzig Gute entpuppt und alle anderen rettet.

Das Mehl ist nicht nur der beste Freund aller Profipizzabäcker, sondern auch der Hobbypizzabäcker.

Dieser Umstand gerät leicht in den Hintergrund, hat man den Teig erst einmal fertig.

Ja, er wird oft sogar komplett verdrängt, angesichts des Ärgers, den man die ganze Zeit mit ihm hatte.

Aber das Mehl ist nicht nur wesentliche Zutat, es ist auch der einzige Verbündete, auf den man zählen kann, wenn man die Teigherstellung einfacher gestalten möchte.

Mit der Zeit habe ich gelernt, keine Hemmungen davor zu haben, das Mehl in großzügigen Mengen zu verwenden, vor allem wenn es um das Ausrollen der Teiglinge geht.

Bevor ich eine Teigkugel ziehe, tunke ich sie ins Mehl, bis sie regelrecht untergetaucht ist. Dann lege ich sie mir auf der bemehlten Arbeitsfläche zurecht und beginne den Teig zu ziehen. Dabei drücke ich zunächst mit den Fingerspitzen gegen den Teig, dann ziehe ich ihn mit den seitlichen Handflächen in die Breite, wobei ich ihn immer wieder drehe.

Bestäubt euren Teigling beim Verbreitern immer wieder mit einer Handvoll Mehl, und denkt daran: Es ist nicht verboten, ihn zu wenden oder einmal nach links und dann wieder nach rechts zu drehen.

Klebt der Boden oder schlägt er Falten, liegt das nicht daran, dass etwas mit dem Teig nicht stimmt oder er euch ärgern will, sondern daran, dass ihr zu wenig Mehl benutzt.

Landet versehentlich mal etwas zu viel Mehl auf dem Teig, keine Sorge, ihr könnt es immer noch entfernen, indem ihr den Boden zwischen beiden Handflächen ausklopft – wenn ihr das hinkriegt – oder indem ihr es mit einem Pinsel beiseitebürstet.

In der Pizzeria benutze ich keinen Pinsel, weil ich meist unter Zeitdruck stehe. Aber ich gehe davon aus, dass eure Freunde, wenn ihr zu Hause für sie Pizza macht, nicht alle zwei Sekunden auf die Uhr schauen oder euch wie Cowboys misstrauisch beäugen, bereit, jeden Moment eine 45er Magnum zu ziehen, wie es unsere Kunden tun, die eine Pizza zum Mitnehmen bestellt haben.

Theoretisch könnt ihr das Mehl auch einfach auf der Pizza lassen und euch die Mühe sparen, es zu entfernen.

Das Mehl auf dem Pizzaboden vermischt sich sowieso mit dem Belag, und nicht einmal ein Dreisternekoch mit seinem geschulten Geschmackssinn würde es herausschmecken; das Mehl auf der Unterseite des Bodens erleichtert euch das Einschießen der Pizza und bleibt zudem auch noch komplett auf dem Parkett des Ofens zurück.

Nudelholz: Pro und Kontra

Die traditionelle neapolitanische Pizza wird mit der Hand gezogen; darüber sprechen wir später noch, denn die Großmutter aller Pizzas hat ein Kapitel für sich allein verdient.

Der Fachbegriff für das, was wir gewöhnlich als Rand oder Kruste bezeichnen, ist »Sims«, das habe ich ganz am Anfang schon erwähnt. Bei der echten neapolitanischen Pizza ist der Sims so hoch, dass man zur Verzierung Geranienkästen dranhängen könnte.

Das Ziehen mit der Hand ist ideal, wenn man einen etwas dickeren Pizzaboden mag und mit einem geschmeidigen, gut gegangenen Teig arbeitet.

Einen nur mäßig gegangenen Teigling mit der Hand zu ziehen ist mühsam. Wie ein Gummiband schnappt er immer wieder zusammen.

Einen Teigling mit der Hand zu ziehen, der etwas härter ist, weil wir vergessen haben, ihn rechtzeitig aus dem Kühlschrank zu nehmen, ist auch kein Kinderspiel; immer wieder reißt der Rand auf, oder das Ganze bricht in der Mitte auseinander.

In diesem Fall ist es günstiger, ein Nudelholz zu benutzen.

Von den Dogmatikern wird das Nudelholz mit Abschätzung gestraft.

Ratet mal, warum?

Richtig, es zerstört angeblich das Klebergerüst.

Ihrer Meinung nach zerstört eigentlich alles das Klebergerüst. Für sie besteht es aus Seide und nicht aus Proteinen. Wir benutzen also quasi den falschen Waschgang.

Ich finde nichts Schlimmes daran, das Nudelholz einzusetzen. Und kaputte Klebergerüste habe ich auch noch nicht viele gesehen.

Ob ihr das Nudelholz einsetzt oder nicht, hängt cher davon ab, wie ihr die Pizza lieber mögt.

Mir schmeckt sie am besten, wenn der Boden weder zu dick noch zu dünn ist, daher ist das Ausrollen mit dem Nudelholz die ideale Lösung, denn so wird der Boden gleichmäßiger.

Nachdem man zu Hause nie so schnell arbeitet, wie ein professioneller Pizzabäcker es tut, ist das Nudelholz perfekt, denn ein gleichmäßigerer

Boden zieht weniger Feuchtigkeit und klebt nicht an der Arbeitsfläche.

Ein handgezogener Teigling hingegen wird in der Mitte sehr dünn.

Unter Pizzafanatikern wird alles, was außer den Händen bei der Bearbeitung zum Einsatz kommt, verteufelt.

Alles, was nicht eine Verlängerung des menschlichen Körpers darstellt, verunglimpft und zerstört ihrer Auffassung nach das Klebergerüst. Wer weiß, warum sie nicht längst versucht haben, Pizzas allein durch Anhauchen und intensive Blicke zu backen.

Das Nudelholz wird eurem Klebergerüst absolut nichts anhaben. Allerdings solltet ihr im Hinterkopf behalten, dass es kein Knüppel ist und dass ihr den Boden ausrollen und nicht auf ihn eindreschen sollt.

Wichtig ist auch beim Ausrollen, auf und unter dem Boden ausreichend Mehl auszustreuen und mit ruhigen Bewegungen von innen nach außen zu arbeiten; dabei sollte man möglichst auf dem Teig bleiben, um die Ränder nicht zu zerdrücken.

DER PIZZABELAG

Ich habe in meinem Leben Tausende und Abertausende von Pizzas belegt.

Eine Pizza mit grünen Bohnen ist mir allerdings bisher noch nicht untergekommen.

Tomate, Mozzarella, grüne Bohnen. Hat noch nie jemand bestellt.

In unserer Pizzeria in Casola verwenden wir grüne Bohnen für die Gemüsepizza, die wie fast überall den Namen *Pizza ortolana* trägt. Doch unter Auberginen, Spargel, Paprika, Spinat und Radicchio fallen sie nicht weiter auf.

Eine Pizza ausschließlich mit grünen Bohnen habe ich tatsächlich noch nie gemacht.

Ansonsten hatte ich schon mit allem zu tun, was man sich nur vorstellen kann.

Pochina, dem Bäcker von Casola, habe ich mal eine Pizza mit Lammbraten gemacht.

In einem Alu-Behälter hatte er mir dazu die Reste vom österlichen Festessen mitgebracht.

Pochina war ein schweigsamer Hüne, eher ein

mürrischer Zeitgenosse, der, wenn er überhaupt mal was sagte, gleich brüllte.

Ich mochte ihn sehr.

An einem Sonntag erwartete er Verwandte aus der Stadt zum Mittagessen und hatte für sie *Pasta e Fagioli*, kurze Nudeln mit Bohnen, vorbereitet. Die *Pasta e Fagioli* von Pochina war legendär. Einmal kochte er sie sogar in der »lebenden Krippe«, verkleidet als Schafhirte, in einem Zelt, das eigens im Park aufgestellt worden war. Die Christusfiguren der lebendigen Bilder, die den Leidensweg Jesu nachzeichneten, stiegen beim Duft des Essens von ihren Kreuzen herab und brachten damit den Priester fast zur Weißglut.

Pochinas Verwandte aus der Stadt aber waren eher von der arroganten Sorte, und als er ihnen seine *Pasta e Fagioli* vorsetzte, zierten sie sich. Er zuckte mit den Schultern, griff nach der Schüssel, schüttete alles in den Rinnstein der Via Matteotti und forderte seine Verwandten auf, ins Zentrum zu gehen, wo es eine Pizzeria gebe.

Pochina war schon Bäcker, als ich noch ein Kind war, und ich stand immer etwas unter Erfolgsdruck, wenn ich ihm eine Pizza backen sollte.

Meistens aß er eine mit Zwiebeln.

Er musste sie nicht einmal bestellen.

Er setzte sich hin, bedeutete meinem Onkel mit

Daumen und Zeigefinger, wie viel Wein er in seiner Karaffe haben wollte, und zeigte mit den Armen den Umfang der Pizza, die er zu essen wünschte. Dann wartete er.

An jenem Ostermontag stellte er, bevor er sich auf seinen Stammplatz setzte, den Alu-Behälter mit den Resten des Lammbratens vor mir auf dem Zutatenboard ab.

»Mach das hier drauf«, knurrte er.

»Und Zwiebeln«, schob er nach.

In dem Behälter lagen gut zwei Kilo Lammkeulenbraten. Die Stücke waren faustgroß.

Pochino breitete die Arme aus, bis sie in etwa den Umfang eines Fahrradreifens zeigten.

Wir mussten ihm die Pizza später tatsächlich auf dem Holzbrett servieren, das wir sonst nur für die Bruschette für vier Personen verwenden.

Ich hatte Angst, mir eine Schlappe einzuhandeln.

Zieht man den Teig nämlich allzu sehr, um den Pizzaboden größer zu machen, bricht er leicht in der Mitte.

Ich hätte auch die doppelte Menge Teig nehmen können, aber Pochina mochte den Boden hauchdünn.

Die zwei Kilo Lammfleisch, die ich für den Belag benutzen sollte, hätte ich dann auch noch auf dem

Gewissen gehabt, wenn mir der Boden im Ofen kaputt gegangen wäre.

Es war nicht so, dass ich Angst gehabt hätte vor Pochina, ich wollte ihn nur ganz einfach nicht enttäuschen.

Doch alles ging glatt. Und als er seine Pizza aufgegessen hatte – er brauchte nie länger als zwei Minuten –, war von der Pizza nichts mehr übrig, nicht einmal die Fleischknochen.

Eine andere, sehr spezielle Pizza musste ich einmal für einen Deutschen zubereiten, der exakt um 17.05 Uhr die Pizzeria betrat, als ich gerade erst die Toppingstation befüllte und den Ofen reinigte.

Das war an sich kein großes Problem.

Sonntags kamen meine ersten Gäste, Guerrino Tozzi, Borghi und Ragazzini senior, regelmäßig schon um 17.25 Uhr, um sich eine Pizza abzuholen.

Schließlich war das Motto dieser drei: »Was ich hab, das hab ich.«

Sie gehören zur Kategorie jener Menschen, die schon gegen sieben, spätestens Viertel nach sieben, zu Bett gehen, weil sie um fünf Uhr morgens in ihrem Gemüsegarten sein müssen. Oder im Wald, auf der Suche nach vierblättrigem Klee.

Wie auch immer, dieser gepflegte deutsche Herr tauchte also um 17.05 Uhr in meiner Pizzeria auf, die zusammengefaltete Zeitung unter den Arm ge-

klemmt und auf dem Kopf einen auffälligen Strohhut im Kolonialstil; fehlte nur noch ein großes Jagd-
gewehr über der Schulter, und man hätte ihn für
einen Touristen auf Safari halten können.

In aller Freundlichkeit und in ausgezeichnetem
Italienisch bestellte er bei meinem Onkel eine Pizza
mit Ananas.

»Zu Diensten, Massa«, erwartete ich als Antwort
von meinem Onkel. »Und was darf ich den einhei-
mischen Lastenträgern bringen?«

Onkel Antonio hingegen verzog keine Miene.

Auf unserer Karte gab es süße Pizzas, auch mit
Ananas. Er beschrieb dem deutschen Gast die Zu-
sammensetzung besagter Pizza, um sicherzugehen,
dass er die Bestellung richtig verstanden hatte, und
begriff sofort, dass er völlig falsch lag. Der Belag
unserer Ananaspizza besteht aus etwas Mandarinenlikör, Ananas und Puderzucker. Der Deutsche
hingegen erklärte, er wolle eine Pizza mit Tomatensauce, Mozzarella und Ananas.

Wenn möglich, vielleicht auch noch mit etwas
gekochtem Schinken.

Selbst jetzt zeigte mein Onkel keinerlei Regung,
korrigierte den Bestellcoupon und fragte den Herrn,
was er zu trinken wünsche. Er unterstrich, dass
wir außer Bier vom Fass und den üblichen Sorten
Flaschenbier auch Finoia da hätten.

»Finoia?«, fragte der Deutsche nach und dachte wohl, es handele sich um ein italienisches Wort.

»Ich vermute mal, er weiß nicht, dass das ein Name ist«, sagte ich zu meinem Onkel.

Finoia heißt ein junger Mann aus Casola, der selbst Bier braut.

Dazu muss man wissen, dass wir in Casola komplett autark sind. Wir müssten nur noch eigene Münzen prägen und eine Befestigungsanlage durch den Nationalpark *Vena dei Gessi* ziehen, dann wären wir eine autonome Republik. Wir könnten uns Lavendelreich nennen. Oder Wolfsbirnenland.

Wir hatten also auf der Karte auch unsere eigenen Biersorten made in Casola. Außerdem vier oder fünf weitere Sorten – Weißbier, Guinness, Pale –, die sich durchaus mit belgischen und tschechischen Bieren messen konnten. Und wenn man schon mal das Glück hatte, einen Vertreter der deutschen Braukunst vor sich zu haben, konnte man auch mal prahlen.

Mit eher mäßigem Interesse blickte der Deutsche unter seinem Safari-Strohhut meinen Onkel an.

Er sah wirklich aus wie einer dieser Wissenschaftler, die für eine gewisse Zeit mit einem Eingeborenenstamm am Amazonas leben.

Dann lehnte er dankend ab und meinte, er wolle statt eines Bieres lieber einen schönen Milchkaffee.

Noch heute sehe ich diesen deutschen Safarigast vor mir, der um 17.25 Uhr seine Pizza mit Tomatensauce, Mozzarella, Ananas und gekochtem Schinken isst und dazu seinen Milchkaffee schlürft.

Pünktlich um 17.30 Uhr stand dann Guerrino Tozzi vor der Tür, um zweimal *Pizza Capricciosa* mitzunehmen.

Er erblickte den Deutschen und schien sich persönlich angegriffen zu fühlen.

»Und so jemand gibt in der Welt den Ton an«, sagte er aufgebracht.

Er kriegte sich gar nicht mehr ein.

Tomatensauce

Das Fleisch der Tomate bildet das weltweit anerkannte Fundament des Pizzabelags.

Doch das eine, universell gültige Rezept zur Herstellung einer Basis aus Tomaten gibt es noch nicht.

Einige verwenden dazu bereits geschälte Dosentomaten, die allerdings noch passiert werden müssen.

Andere greifen zu einer fertigen Tomatensauce, die für meinen Geschmack etwas zu süß ist und bei Hitze austrocknet.

Es gibt auch Pizzabäcker, die für jeden Belag

Tomaten frisch passieren und als Fundament verwenden.

Mir persönlich schmecken frische Tomaten auf der Pizza nur in Stücken, nicht flüssig.

Vielleicht gewinnt man damit keinen Kochwettbewerb, aber ich mag alles, was einfach ist und schnell geht, daher kann man, wenn es nach mir geht, getrost auch Tomaten in Stücken aus der Dose verwenden.

Natürlich muss man sie noch etwas nachwürzen.

Ich salze sie immer noch etwas und gebe eine Prise Pfeffer hinzu, dann strecke ich das Ganze mit Wasser, jedoch nur so weit, dass es dickflüssig bleibt und sich nicht in eine Pfütze verwandelt; mir sind schon Pizzas untergekommen, die anstelle von Tomaten mit einer Restschicht verdampfter Brühe überzogen und dementsprechend trocken waren wie ein ausgedörrter See.

Einige Pizzabäcker fügen auch dem Fundament schon etwas Öl hinzu.

Entsprechend meiner Lebensphilosophie, die da lautet: »Greife nie vor bei Dingen, die jeder selbst entscheiden kann«, bin ich der Ansicht, dass derjenige, der die Pizza später isst, je nach Gusto, auch selbst Öl dazugeben kann.

Wie man die Tomatensauce aufträgt, ohne danach die Küche neu weißeln zu müssen

Ist die Tomatensauce erst einmal fertig, wird so mancher allein bei dem Gedanken, sie nun ohne größere Sauerei auf den Teig auftragen zu müssen, von einem nervösen Tic am rechten Auge, von Schwindelgefühl oder Übelkeit heimgesucht.

Panikmache ist hier jedoch ganz fehl am Platz.

Die Tomatensauce wird mit der gewölbten Unterseite eines Löffels verteilt; je größer der Löffel, desto besser funktioniert das Auftragen. Von Kellen rate ich eher ab: Die Rundung ist zu ausgeprägt. Ein normaler Holzkochlöffel im alten Stil dagegen ist genau das Richtige.

Die Sauce wird zunächst in die Mitte der Pizza gegossen und anschließend mit kreisenden Bewegungen von innen nach außen verteilt.

Wenn ihr es richtig gemacht habt, erkennt ihr dort, wo ihr mit dem Löffel drübergegangen seid, ein spiralförmiges Muster aus Tomatensauce.

Mehr ist es nicht.

Wenn ihr den Löffel etwas schräg haltet, tut ihr euch leichter beim Auftragen.

Lasst am Rand immer gut einen Fingerbreit Teig frei von Sauce.

So geht die Pizza zum einen besser auf, zum anderen werdet ihr sehen: Wenn es stimmt, dass das Mehl der beste Verbündete des Pizzabäckers ist, dann ist die Tomatensauce seine Nemesis. Das gilt zumindest für alle, die sich etwas ungeschickt anstellen (und selbst der beste Pizzabäcker der Welt hat sich während einer gewissen Phase seines Lebens mal ungeschickt angestellt).

Tomatensauce ist schlimmer als Betonkleber.

Nichts anderes lässt den Teig dermaßen an der Arbeitsfläche haften wie Tomatensauce (außer Honig vielleicht, aber darauf gehen wir später noch ein…).

Mozzarella

Nach den Tomaten ist nun der Mozzarella an der Reihe.

Ihr könnt beliebig viel davon nehmen, eine Faustregel besagt jedoch: Den Mozzarella immer in etwas kleinerem Radius auf die Pizza geben als die Tomatensauce. So geht der Teig besser auf.

Wenn ihr auf echten Neapolitaner machen wollt, müsst ihr Büffelmozzarella verwenden, der in kleine Stücke zerteilt wird. Und um zu vermeiden, dass irgendwo auf der Welt ein besonders dogmatischer Pizzabäcker in Tränen ausbricht, benutzt ihr dazu besser eure bloßen Finger und nicht etwa ein Messer.

Ich bin kein großer Fan von Büffelmozzarella, weil er nicht so gleichmäßig schmilzt und unterschiedlich dicke Flecken hinterlässt.

Deshalb verwende ich ganz normalen Mozzarella.

Wenn ihr den Mozzarella nur leicht geschmolzen und etwas fester bevorzugt, teilt ihr ihn besser in Würfelform. Mögt ihr ihn richtig zerlassen, sind Scheiben ideal.

Alternativ kann man auch eine Reibe benutzen, allerdings muss sie vorher im Kühlschrank gelegen haben und darf nicht warm sein. Mit einer groben Reibe gelingt der Mozzarella einwandfrei.

Mögt ihr eure Pizza mit einer doppelten Lage Mozzarella, verteilt ihr diesen besser nicht gleichmäßig über den Boden, sondern häuft ihn in der Mitte an.

Mozzarella ist – wie grundsätzlich alle Milch- und Käseprodukte – die einzige Zutat im Pizzauniversum, die den Gesetzen der Physik unterliegt: Wenn er schmilzt, okkupiert er riesige Flächen, schlimmer noch als die Legionen Cäsars.

Fließt er über die Ränder, bleibt die Pizza am Parkett kleben, und wenn ihr mit der Pizzaschaufel nicht ebenso geschickt umzugehen versteht wie die

Musketiere mit dem Florett, richtet ihr unter Umständen im Ofen ein Massaker an: Die Pizza reißt, saugt sich am Pizzastein fest, und ihr kriegt sie von dort nie wieder herunter. Tatenlos müsst ihr mit ansehen, wie sie unter euren Augen schwarz verbrutzelt und eure Gäste einräuchert.

Wer sich absolut nicht davon abbringen lassen will, eine Pizza mit der doppelten Portion Mozzarella auszuprobieren, dem sei ein »Saum« empfohlen: Nachdem ihr so viel Mozzarella auf die Pizza gelegt habt, wie ihr wollt, nehmt ihr den Teigrand und biegt ihn nach innen.

Im Ofen gewinnt der Saum an Volumen und bildet eine Art knusprigen Damm, der die Mozzarellamassen zurückhält.

Diese Technik lässt sich wunderbar vor allem bei der Pizza *Quattro Formaggi* anwenden, deren Expansionsdrang anders sonst nicht mehr zu zügeln ist.

Frische Pilze

Pilze zählen zu den Klassikern in der Pizzaküche. Sind sie sehr frisch, sollte man sie allerdings mit Vorsicht einsetzen, denn sie ziehen leicht Flüssigkeit.

Es mag nicht sehr elegant aussehen, aber ich rate dazu, eine *Pizza Funghi* abtropfen zu lassen, bevor man sie einschießt.

Das geht ganz einfach: Nehmt sie auf den Pizzaheber, und haltet diesen leicht schräg, bis keine Feuchtigkeit mehr hinabläuft.

Radicchio

Habt ihr Radicchio erst einmal ausprobiert (und mögt ihn), wird er mit Sicherheit zu einem festen Bestandteil eurer Pizzaküche werden. Das Einzige, was man beachten sollte, ist, dass man ihn vor der Verwendung sorgfältig wäscht, indem man ihn länger in Wasser einweicht. Andernfalls besteht die Gefahr, dass er durch seine bittere Note den Geschmack der Pizza verdirbt.

Öl nach Moko-Art

Das Öl kann man vor oder nach dem Backen auf die Pizza geben. Das kommt ganz auf die Schule des Pizzabäckers beziehungsweise des Hobbypizzabäckers an. Oder auf den Geschmack des Gastes.

Im Folgenden soll auf eine ganz spezielle Art der

Ölverwendung hingewiesen werden, die von einem gewissen Giovanni Tagliaferri, genannt Moko, erfunden wurde und in jeder Hinsicht einen originellen Pizzabelag darstellt.

Moko isst am liebsten Pizza mit Speck. So weit noch nichts Ungewöhnliches. Er mag sie mit viel Öl. Da ist er nicht der Einzige. Eine Menge Leute mögen ölige Pizzas, mit nativem Olivenöl oder *olio piccante*. Moko aber mag das Öl nicht *auf*, sondern *unter* der Pizza.

»Obendrauf ist sie ja schon belegt«, so seine Begründung. »Aber unten drunter fehlt noch was.«

Sobald die Pizza vor ihm auf dem Tisch steht, hebt er sie mit der Gabel auf einer Seite leicht an und gießt Öl darunter.

Dann lässt er die Pizza wieder auf den Teller gleiten und dreht sie mithilfe des Messers einmal im Kreis, damit sie das Öl rundum schön aufsaugt.

An dieser Stelle folgen bei der Moko-Technik das Beiseitelegen des Bestecks sowie der prüfende Griff nach der Zigarettenschachtel in der Jeansjacke.

Moko hat immer exakt drei Schachteln Zigaretten einstecken. Eine offiziell, zwei weitere als Reserve.

Dann reibt er sich ausgiebig die Hände und dreht den Kopf zur Seite, um sich mit einem Blick aus dem Fenster zu vergewissern, ob Vannini, der

Straßenkehrer, schon an der Bar steht. Der ist aber wie immer unpünktlich.

Das Fundament der Pizza ist indessen von Öl aufgeweicht und zum Verzehr bereit.

Moko braucht zum Essen im Durchschnitt vierzig bis sechzig Minuten.

Wahrscheinlich weil das menschliche Gebiss nicht dazu geschaffen ist, einen Schwamm zu kauen.

Nach jedem Bissen legt er Gabel und Messer beiseite und zupft seine Serviette zurecht. Was zur Entspannung seiner Unterkiefermuskulatur beiträgt.

Diese Lockerungsübungen machen ihn zum langsamsten Esser, den ich je als Gast in unserer Pizzeria gesehen habe.

Die langsamste Person überhaupt ist allerdings meine Mutter, die jedoch nicht in dieselbe Kategorie gehört wie unsere Gäste, weil sie nicht zahlt, wenn sie in der Pizzeria isst. Sie gehört zu den VIPs und genießt entsprechende Privilegien. Meine Mutter isst so langsam, dass man eigentlich nicht von Aufessen sprechen kann; vielmehr ist es die Pizza, die es irgendwann nicht mehr aushält und sich verkrümelt.

Spargel

Mit Spargel verhält es sich meiner Meinung nach wie mit Modalverben: Er sollte nie allein stehen. Selbst bei der schlichtesten Version ist es besser, den Spargel mit einem Hauch Parmesan zu ergänzen, den man nach dem Backvorgang über die Pizza gibt.

Artischocken

Zwei Geheimtipps, die ich jedem nur ans Herz legen kann: einmal Artischocken mit gerolltem Bauchspeck und Artischocken mit würziger Salami.

Sardellen

Fünf sind völlig ausreichend. Wirklich. Glaubt es mir. Fünf. Schließlich sind wir beim Pizzabacken, nicht auf einem Fischerboot.

Salsiccia

Der italienische Klassiker schlechthin und vermutlich eine der beliebtesten Zutaten. Die Stücke müssen relativ klein sein, ansonsten werden sie nicht gar.

Würzige Salami

Mein persönlicher Favorit. Eine Pizza ohne würzige Salami ist für mich keine Pizza.

Gekochter Schinken nach Breseghello-Art

Breseghello hieß ein Unternehmer, der vor vielen Jahren seine Firma nach Casola umsiedelte.

Sein Unternehmen war spezialisiert auf die Herstellung und Verpackung von Duft-Potpourris, und die Einwohner von Casola fielen blind auf seine Geschäftsidee rein, obwohl sie selbst inmitten einer Gegend voller aromatischer Kräuter leben.

Breseghello war oft Gast in der »Bar di Sopra«.

Er ist viel zu früh gestorben. Herzprobleme. Er hatte vergebens auf eine Transplantation gewartet.

Sein Unternehmen gibt es allerdings noch heute

und wird von seinen Kindern weitergeführt. Es ist nach ihm benannt – *Patrizio Breseghello* – und vertreibt neben Potpourris herrliche pflanzliche Rohstoffe für Kräuter- und aromatisierte Tees.

Ich mochte Breseghello. Er sprach sehr schnell und hatte einen starken venezianischen Akzent, sodass man die meiste Zeit eher erraten musste, was er sagte. Er zählt zu den vielen Menschen, die mein Leben in Casola auf eine besondere Art bereichert haben.

Er hatte Kunden aus aller Herren Länder, und oft hielt er seine Geschäftsessen in unserer Pizzeria ab. Ich empfand das als großes Glück. Wo sonst hätte ich Gespräche über aromatische Kräuter belauschen können, die Breseghello in Englisch mit einem leicht venezianischen Einschlag mit indischen Geschäftsleuten führte?

Ab und an, wenn ich aus der Pizzeria nach unten komme, blicke ich auf den Stuhl, der rechts neben dem Eingang der Bar steht, in der Hoffnung, Breseghello dort sitzen zu sehen, wie immer in gepflegter Kleidung, sein Weinglas in der Hand und neben sich seinen Freund Sergio Carnevale, der sein Zigarillo raucht. Seit ihm eines Morgens auf dem Weg zu einer Untersuchung der Führerschein auf wundersame Weise entzogen worden war, hatte Sergio ihm als Chauffeur ausgeholfen. Nie wieder habe ich so viele Geschichten gehört wie in jener Zeit, als Sergio und Breseghello in der Bar ein- und ausgingen. Man könnte ganze Bibliotheken damit füllen.

Breseghello bestellte immer *Pizza Funghi* mit Schinken.

Die ersten Male, die er in der Pizzeria aß, brachte ich seine Bestellung regelmäßig durcheinander, denn wenn man bei uns in der Gegend nur »Schinken« sagt, bedeutet das: roher Schinken, während man im restlichen Italien den gekochten meint.

Er bestellte also immer *Pizza Funghi* mit gekochtem Schinken. So weit nichts Ungewöhnliches. Allerdings hasste er ganze Scheiben, er wollte, dass man den Schinken in kleine Teile zerpflückte und diese über die Pizza verteilte.

Gekochter Schinken nach Breseghello-Art wird zerrupft, damit die Ränder fransig sind. Mit dem Messer geschnitten wirkt gekochter Schinken schlaff und gibt ein erbärmliches Bild ab.

Mir sagt Schinken eigentlich nicht so zu, aber ihn nach Art Breseghello zu zerrupfen – das hat schon was.

Kurzum, auf Tomatensauce und Mozzarella könnt ihr legen, was euch gefällt.

Eines müsst ihr dabei jedoch im Hinterkopf behalten: Euer Teig ist und bleibt eine Mischung aus

Mehl und Wasser, kein Produkt aus Gusseisen. Je länger er steht, desto feuchter wird er. Und je feuchter er ist, desto mehr werdet ihr fluchen, wenn es ans Einschießen geht.

Arbeitet möglichst schnell.

Werdet ihr von einem Freund, einem schnorrenden fernen Verwandten oder eurem Verlangen, etwas Großes zu vollbringen, dazu verführt, einen XXL-Belag zu versuchen – es gibt immer jemanden, der eine Schwäche hat für »von allem ein bisschen« –, dann verbietet euch niemand, den gezogenen, unbelegten Boden kurz anzubacken. Lasst ihn dreißig Sekunden im Ofen, damit er sich erhärten kann, und legt ihn dann zurück auf die Arbeitsfläche. Jetzt ist er so widerstandsfähig, dass ihr auch einen ganzen Hasenbraten drauflegen könntet, oder zwei aufrecht stehende Zimmermannshämmer, gestützt von einem Amboss...

DAS EINSCHIESSEN DER PIZZA

Bevor man sie einschießt …

Die Pizza ist fertig belegt.

Demonstrativ liegt sie auf der Arbeitsfläche.

Dies ist vermutlich der schlimmste Augenblick eines jeden Hobbypizzabäckers. Denn man kann sicher sein, dass die Pizza alles daransetzen wird, nicht im Ofen zu landen, und an allem kleben bleibt, was ihr in den Weg kommt.

Dies ist der Augenblick, in dem es darum geht, die Pizza zu zähmen.

Und das ist ganz einfach.

Schiebt vor dem Einschießen einen gut bemehlten Pizzaheber unter den Rand. Ich verwende dazu eine normale Küchenspachtel von mittlerer Größe.

Ist etwas Tomatensauce danebengelaufen oder der Boden aufgeweicht, während ihr in aller Ruhe einen Pilz nach dem anderen auf eure Pizza gelegt habt, dann sorgt die bemehlte Spachtel dafür, dass alles wieder gut wird.

Das Einschießen
(oder zumindest der Versuch)

Taucht die Pizzaschaufel, bevor ihr sie unter die Pizza schiebt, in ein Häufchen Mehl und klopft sie dann ab.

Wenn ihr bei der Teigzubereitung die Zeiten eingehalten habt und ausreichend Mehl verwendet, müsste eure Pizza nun zahm sein wie ein Lämmchen.

Fahrt mit der Schaufel unter den Boden, und zieht sie leicht zu euch heran, bis die Pizza ein Drittel der Schaufel bedeckt. So müsste sie euch eigentlich brav folgen.

Habt ihr aber plötzlich das Gefühl, als würdet ihr mit einem Spaten eine Grube ausheben, weil die Pizza nicht so will wie ihr, dann stimmt etwas nicht.

Überprüft zunächst die Unterseite der Pizza.

Ist der Teig beschädigt, gerissen oder hat Löcher und die Tomatensauce tropft durch, dann macht erst einmal nicht weiter, und lasst die Pizza, wo sie ist.

Dasselbe gilt auch, wenn ihr es zwar geschafft habt, die Pizza auf die Schaufel zu bekommen, sie nun aber keinerlei Anstalten macht, sich wieder von ihr zu lösen. Kehrt zur Arbeitsfläche zurück und versucht, die Pizza vorsichtig wieder runterzuschieben. Dabei könnt ihr ruhig die bemehlte Spachtel noch einmal zu Hilfe nehmen.

Ist ein Loch im Boden Ursache des Problems, dann flickt ihr es einfach.

Das ist keine große Sache. Ich mache das, mehr oder weniger, jeden Abend. Seit zwanzig Jahren.

Wie gesagt, eine Pizza ist nicht aus Gusseisen.

Es ist ganz einfach, ein paar Korrekturen vorzunehmen.

Um das Loch zu schließen – natürlich nur, wenn es nicht allzu groß ist –, nehmt ihr ein Stückchen Teig von einem Teigling, den ihr noch nicht weiterverarbeitet habt.

Ihr bemehlt es leicht, formt es so hin, wie ihr es braucht, und schon haltet ihr einen perfekten Stöpsel in den Händen, um euer Loch zu stopfen.

Befindet sich das Loch oder der Riss in der Mitte der Pizza, klappt ihr sie einmal in der Mitte zusammen und bessert die Stelle aus. Kümmert euch dabei nicht weiter darum, ob der Belag kaputt geht; habt ihr erst einmal den Teig geflickt, ist alles schnell wieder hergerichtet. Es funktioniert wie bei einem Zaubertrick: Man muss nur einmal – Abrakadabra – mit der Hand darüberwischen. Mehr braucht es nicht. Es sei denn, ihr habt Freunde oder Verwandte, die, bevor sie die Pizza essen, mit dem Winkelmesser die Position der einzelnen Spargelstangen überprüfen oder den Abstand zwischen den einzelnen Stücken der Salsiccia.

Man kann eine Pizza mit derselben Teigstöpsel-technik auch erst nach der Hälfte der Backzeit ausbessern. Kein Mensch wird sich beschweren, wenn zwei Quadratzentimeter vom Pizzaboden eine Sekunde weniger durchgebacken sind … Denkt allerdings daran, etwas mehr Mehl unter den Stöpsel zu geben, damit er nicht am Parkett kleben bleibt.

Manchmal sträubt sich die Pizza von vorneherein dagegen, sich auf die Schaufel nehmen zu lassen.

Ich weiß auch nicht, warum.

Es ist einfach so, selbst wenn sie weder ein Loch hat noch feucht ist.

In diesem Fall hilft es manchmal, sie in einem etwas anderen Winkel anzuheben.

Und wenn selbst das nichts nützt, bleibt immer noch Beten.

Endlich im Ofen

Habt ihr die Pizza endlich auf eurer Schaufel, denkt vor allem an eins: Man *wirft* eine Pizza nicht in den Ofen. Sie ist kein Puck, und ihr seid nicht beim Eishockey.

Geht ihr zu ruckartig vor, kann es passieren, dass

die Pizza Falten schlägt oder Eselsohren bekommt, die sich, sobald sie hart sind, beim Drehen der Pizza lösen oder abbrechen.

Nicht die Pizza muss rutschen, sondern die Schaufel darunter muss weggezogen werden.

Arbeitet mit schnellen Bewegungen: erst nach vorn schieben, dann etwas schneller nach hinten wegziehen. Es geht nicht darum, wer es schafft, die Pizzaschaufel gleich beim ersten Versuch wegzuziehen. Und es gibt auch keinen Teddybären als Trophäe.

Lasst euch ruhig Zeit, und geht nett mit eurer Pizza um. Sie schmort fünf Minuten in der Hölle, nur damit ihr glücklich seid. Wie würdet ihr reagieren, wenn man euch in einen 350 °C heißen Raum stecken würde?

DAS BACKEN DER PIZZA

Eine Pizza, ein Ort

Da, wo ihr eure Pizza im Ofen zum Backen hingelegt habt, muss sie auch bleiben, so lange, bis ihr sie wieder herausholt.

Wollt ihr sie drehen, damit sie von allen Seiten gleich gut gebacken wird, solltet ihr immer zum Ausgangspunkt zurückkehren.

Viele Pizzas verbrennen genau aus diesem Grund: Sie werden im Ofen durch die feindlichen Feuerlande auf Wanderschaft geschickt, wo die hitzebeständigen Kacheln nicht durch die niedrigere Temperatur des Pizzabodens heruntergekühlt wurden, und verbrennen ohne Aussicht auf Rettung.

Dass eure Pizza verbrannt ist, merkt ihr, ohne auch nur einen Blick auf sie zu werfen. Sie klebt am Parkett, und beim Herausnehmen bleiben rauchende schwarze Reste zurück.

Wenn der Rand schwarz ist, heißt das nicht gleich, dass die Pizza verbrannt ist. Etwas schwarz

am Sims darf sie schon sein, die echte neapolitanische Pizza kommt sogar ohne schwarze Flecken
am Rand gar nicht aus; eine Pizza gilt dann als verbrannt, wenn die Makulatur unten am Boden sichtbar wird, selbst wenn es nur vereinzelte Punkte
sind.

Nur wenn ihr einen Masochisten zu Gast habt,
könnt ihr sie so noch servieren.

Eine verbrannte Pizza verliert ihre Elastizität und
ist zäh wie Sperrholz. Zerteilt man sie mit einem
Messer, klingt das wie eine Bandsäge auf einem
Holzbrett. Was sich immer noch besser anhört als
das Geräusch, das entsteht, wenn man hineinbeißt.
Das ähnelt nämlich dem Quietschen einer Tür mit
rostigen Angeln, in irgendeinem Geisterhaus.

Also, sucht euch einen Platz für die Pizza im
Ofen aus, und lasst sie dort.

Jede Pizza hat ein unveräußerliches Recht darauf.

Das Feuer

Man kann es nicht oft genug wiederholen: Die Pizza
wird durch das Feuer gebacken.

Schießt sie also nicht in ein dunkles Loch ein,
wenn nur Glut im Ofen oder das Holz gerade he-
runtergebrannt ist.

Selbst wenn die Kammer die passende Temperatur erreicht hat, besteht das Risiko, dass die Pizza nicht aufgeht.

Außerdem ist das Feuer wichtig fürs Sehen. Die wenigsten Holzöfen sind von innen beleuchtet (ich nehme an, weil es blödsinnig wäre, eine Lampe anzubringen, wo es ein Feuer gibt, das im Freien einen ganzen Platz erhellen könnte).

Will das Feuer nicht brennen, kann das daran liegen, dass euer Holz nicht richtig zündet.

Es kommt nicht selten vor, dass das Holz, obwohl es richtig gelagert wurde und trocken genug ist, nicht zündet, wenn es soll.

Schlimmer noch, genau dann, wenn es wichtig ist, will es nicht brennen.

Wir haben an anderer Stelle bereits über die Chaostheorie gesprochen. Macht euch keine unnötigen Hoffnungen: Auch das Holz unterliegt ihr. Das Scheit Hainbuche, das ihr gerade in den Pizzaofen gelegt habt und das nicht brennen will, wird womöglich wunderbar zünden, wenn ihr es mit der Zange in den Kamin im Wohnzimmer legt.

Eine gute und nützliche Sache sind Sperrholzkisten, etwa in der Art von Bananenkisten. Davon solltet ihr immer einige parat haben. Die Sperrholzkiste ist zu unbedeutend, als dass die Chaostheorie ihr überhaupt Beachtung schenken würde, und produziert Flammen, mit denen man locker einige Pizzas backen kann, selbst in einem nur zur Hälfte beladenen Ofen.

Bloß nicht malträtieren!

Ist die Pizza einmal im Ofen, kann sie nicht mehr fliehen. Lasst eure Wut nicht an ihr aus.

Wenn ihr dicken Rand nicht mögt oder Blasen auf der Kruste, dann zerdrückt sie. Aber lasst dazu nicht die Pizzaschaufel auf die Pizza heruntersausen wie ein Henkersbeil; ein leichtes Dagegendrücken reicht völlig aus.

Handelt es sich um eine Pizza nur mit Öl statt Tomatensauce, können mit etwas mehr Druck auch die Blasen, die sich in der Mitte bilden, entfernt werden.

Ihr müsst schon ein echter Schlächter sein, um eine Pizza mit Öl und ohne Tomatensauce so zu misshandeln, dass ihr sie nicht mehr aus dem Ofen bekommt.

Wenn auch die normale *Margherita* Blasen schlägt, wartet einen Moment mit dem Zerdrücken, wenigstens bis sich der Teig erhärtet hat. Denn wir wissen ja, wozu Tomatensauce und Mozzarella fähig sind.

Eine Pizza ist nicht eitel.

Sie ist wie eine schöne, charakterstarke Frau.

Es kommt gar nicht gut an, wenn ihr ständig hinter ihr her seid. Damit könntet ihr sie vor den Kopf stoßen. Doch sie ist auch gehässig: Wenn ihr sie überhaupt nicht beachtet, verbrennt sie absichtlich, nur um es euch heimzuzahlen.

Hat der Ofen die richtige Temperatur, habt ihr mindestens eine halbe Minute, bevor ihr den Teig erneut drehen müsst.

Nutzt die Zeit, um die anderen Pizzas vorzubereiten.

Im Ofen der Pizzeria meines Onkels backe ich bis zu dreizehn Pizzas gleichzeitig, und parallel dazu schaffe ich es, für die nächste Ladung schon den Boden zu ziehen und zumindest die Hälfte zu belegen.

Das ist einer der heiklen Momente. Jeder Griff muss richtig getimt sein.

Nur weil ihr die Pizza ständig anstarrt, wird sie deshalb nicht schneller fertig, um euch zu imponieren.

Das ist ein ungeschriebenes Gesetz, das Pizzabäcker zur Genüge kennen: Je intensiver du sie anschaust, desto länger braucht sie.

Versucht, ihre Aufmerksamkeit zu gewinnen, ohne gleich als besessen dazustehen. Gönnt ihr

die Blicke, die sie verdient, ohne penetrant zu
werden. Dann macht sie sich für euch besonders
schön.

SERVIERFERTIG

Da liegt sie, eure Pizza.

So anstrengend es auch gewesen sein mag, sie hat es geschafft.

EINIGE PIZZAIDEEN

PIZZAS MIT KRÄUTERN
UND GEWÜRZEN

Wir in Casola sind nicht so anmaßend zu glauben, wir hätten die Verwendung von Gewürzen und Kräutern in der Gastronomie entdeckt; wir sind uns dessen absolut sicher.

Seit Prof. Rinaldi Ceroni einen öffentlichen Kräutergarten anlegte, zu einer Zeit, als so etwas noch nicht in Mode war, nimmt unser kleines Dorf in diesem Bereich eine Vorreiterrolle ein, mal ganz abgesehen davon, dass in der Gegend um Casola so viel Lavendel wächst, dass man im Sommer den Eindruck hat, in einer Kommode zwischen lauter Duftsäckchen zu leben.

Wir in Casola hatten schon einen Gewürz- und Kräutermarkt, als es woanders gerade mal eine Handvoll Gewürzläden gab. Wenn überhaupt.

Im Juli und August bauten die Händler freitags ihre Stände in der Stadtmitte auf und boten ihre Produkte den Besuchern feil, die zu Tausenden herbeiströmten.

Man konnte Salben, Seifen, Cremes, Marmeladen, Bonbons und vieles mehr erstehen, alles auf der Basis von Kräutern.

Die älteren Jugendlichen, die hinter den Hecken bei der Turnhalle heimlich Joints rauchten, meinten, es gebe auf dem Markt alles, außer den richtigen Kräutern. Ich war noch klein. Später allerdings begriff ich, was die Jugendlichen meinten. Und sie hatten recht, die richtigen Kräuter in diesem Sinne gab es tatsächlich nicht.

Heute werden Produkte, wie sie vor zwanzig Jahren nur in Casola zu finden waren, in jedem Supermarkt angeboten.

Selbst wenn unser Markt heute nicht mehr die Massen anzieht wie früher, verlegen wir unsere Pizzeria weiterhin im Juli und August ins Freie.

Auf Anraten von Sauro Biffi, dem Verantwortlichen des Kräutergartens, haben mein Onkel und ich beschlossen, einige Kräuter und Gewürze für unsere Pizzas zu verwenden, ein Privileg, das bis dahin ausschließlich Ihrer Majestät Basilikum und dem Kronprinzen Oregano vorbehalten war.

Für einen Hobbypizzabäcker könnte es eine interessante Abwechslung sein, diese Varianten einmal seinen Gästen anzubieten; ob sie gut ankommen, ist eine Frage des Geschmacks, aber mit Sicherheit werdet ihr Eindruck schinden.

Bestimmte Kräuter findet man nur selten auf einer Speisekarte, und die Gäste sind dadurch so verblüfft, als würde man ihnen ein Einhorn vorsetzen.

Löwenzahn und Speck

Als wir uns diese Pizza ausdachten, schien es uns kontraproduktiv, in der Bezeichnung den umgangssprachlichen Namen der Pflanze zu verwenden.

»Bettnässer und Speck« wäre auf der Speisekarte vermutlich nicht so gut angekommen. Mit der Bezeichnung »Löwenzahn« hingegen erhält diese Pizza doch gleich einen noblen *touch*.

Das Fundament dieser Pizza besteht aus Tomatensauce und Mozzarella. Legt nun fünf oder sechs Löwenzahnblätter darauf und bedeckt sie mit der gleichen Anzahl nicht zu dick geschnittener Scheiben Bauchspeck.

Die Löwenzahnblätter können auch nach dem Backen auf die Pizza gelegt werden, doch geschmacklich kommen sie dadurch nicht wirklich zur Geltung, wie ich finde.

Die mitgebackenen Blätter werden angenehm knackig und aromatisch, wobei sie ihren bitteren Beigeschmack verlieren.

Sie sollten vorher sorgfältig gewaschen werden, sonst schmecken sie, wie alle Pflanzen, die sich im urbanen Umfeld schnell ausbreiten, leicht nach Abwasser. Pflückt den Löwenzahn besser nicht dort, wo Hunde Gassi geführt werden.

Majoran und Aubergine

Auch hier dienen Tomatensauce und Mozzarella als Fundament. Eine leckere Alternative wären auch Öl und Salz.

Die Auberginen – leicht angebraten schmecken sie besser! – werden in kleine Stücke oder zu dünnen Streifen geschnitten. Ihr müsst zum Grillen der Auberginen nicht extra Glut machen und den Rost unnötig verschmutzen. Ebenso gut könnt ihr sie in einer normalen Grillpfanne auf der Herdplatte zwei Minuten anbraten.

Wenn möglich, solltet ihr frischen Majoran verwenden.

Das einzige Gewürz, das selbst in getrockneter Form noch annehmbar ist, ist Oregano. Die anderen, die man im Supermarkt in schicken Behältern zu kaufen bekommt und von Robotern am Fließband abgepackt worden sind, schmecken irgendwie alle gleich.

Ob sie auch gleich riechen? Diese Frage bleibt unbeantwortet. Denn niemand hat sie je gerochen.

Verwendet die Blätter und auch etwas von den Blüten, wenn es von der Jahreszeit her passt. Für Puristen ist das zwar tabu, doch zwischen den Fingern zerriebene und über die Auberginen verteilte Majoranblüten verleihen der Pizza ein traumhaftes Aroma.

Die Blätter lege ich immer vor dem Backgang auf die Pizza, die Blüten hingegen verteile ich erst kurz vor dem Servieren darüber.

Liebstöckel und Zwiebeln

Jeder weiß, dass die einzige Zwiebelsorte, die in der Küche mit Respekt behandelt wird, die rote Tropea-Zwiebel ist. Daran besteht kein Zweifel.

Ich gehöre jedoch zur alten Schule, und für mich darf eine Zwiebel nicht süß schmecken; für Süßes sind Desserts zuständig. Eine Zwiebel sollte … na ja, eben eine Zwiebel sein, und fertig. Und außerdem nicht unbedingt so viel kosten wie ein Handyguthaben.

Für unser Rezept ist die traditionelle weiße Zwiebel am besten geeignet, die man direkt auf die Tomatensauce und den Mozzarella legt.

Liebstöckel ist eine mehrjährige Pflanze, die in Italien relativ selten wild wächst.

In Casola allerdings schon. Wer hätte etwas anderes erwartet?

Er ähnelt im Geschmack etwas dem Sellerie; eine geringe Menge reicht völlig aus.

Zerpflückt drei oder vier Blätter vom Liebstöckel, gebt sie über die Pizza, und bedeckt sie mit so viel Zwiebelringen, wie ihr wollt. Dann schiebt ihr sie in den Ofen.

Etwas Pfeffer und einige Tropfen Öl über die gebackene Pizza runden das Ganze ab.

Topinambur und Speck

In letzter Zeit rangiert die *Pizza Topinambur* in der Liste der meistbestellten Pizzas an oberster Stelle. Und das nicht nur während der Sommermonate, wenn der Kräutermarkt stattfindet.

Seit Längerem versuchen wir, sie auch den Winter über auf der Speisekarte zu behalten.

Topinambur ist eigentlich ein Unkraut, das bis zu drei Meter hoch wächst und riesige gelbe Blüten am Stängelende trägt. Für gewöhnlich findet man sie in der Nähe von Gewässern.

Sie hat etwas von einer schlecht geratenen Sonnenblume, und tatsächlich zählt sie zur Gattung der Sonnenblumen; sie sind so etwas wie Cousinen ersten Grades. Man könnte auch sagen, die Sonnenblume ist das Original, Topinambur nur die Fälschung.

Zum Verzehr werden nicht die Blätter genutzt, sondern die Knolle.

Ihr Aussehen wirkt etwas bedrohlich. Und mit ihrer alten Bezeichnung »Jerusalem-Artischocke« scheint sie eher passend für ein Hexengebräu als für die Gastronomie, doch ist sie erst mal im Ofen, verwandelt sie sich.

Reibt etwas von der Wurzel auf die Tomatensauce und den Mozzarella, so wie ihr es mit Parmesan tun würdet, bedeckt alles mit einigen Scheiben Speck oder Salsiccia, und schießt die Pizza ein.

Viele Gäste haben schon die Nase gerümpft beim Anblick der rohen Pizza mit Topinambur. Doch bereits beim ersten Bissen veränderte sich ihr Gesichtsausdruck.

Plötzlich sahen sie aus wie Piraten, die einen verlorenen Schatz entdeckt haben.

Bohnenkraut und würzige Salami

Ich habe es bereits erwähnt: Die einzige Pizza, die sich für mich zu essen lohnt, ist eine mit würziger Salami.

Und Bohnenkraut ist mein Lieblingsgewürz: Es ist das einzige Gewürz, das ich bisher pur auf einer Pizza gegessen habe.

Es muss jedoch mitgebacken und nicht erst später hinzugefügt werden.

Nach Bedarf kann man diese Pizza zusätzlich mit einigen kleingeschnittenen frischen Tomaten belegen. Allerdings nicht mit Pachino-Tomaten. Für sie gilt das gleiche wie für die Tropea-Zwiebeln: Eine Tomate muss nach Tomate schmecken und nicht nach Kirsche.

Thymian und Spargel

Über das Fundament von Tomatensauce und Mozzarella wird eine Handvoll Spargel verteilt. Ihr könnt ihn auslegen, wie ihr wollt, ich persönlich finde jedoch, dass Spargel auf einer Pizza nur dann ein würdiges Bild abgibt, wenn die Stängel wie Sonnenstrahlen angeordnet sind, und zwar mit den Spitzen nach außen.

Darüber verteilt ihr den Thymian.

Thymian ist das einzige Gewürz, das einen nicht zur Weißglut treibt, denn die kleinen Blätter lassen sich wunderbar von ihrem Stängel lösen; fast so als würde man ihn schälen.

Über eine Pizza mit Spargel hobelt man am Ende der Backzeit eigentlich etwas Parmesan, aber ob ihr das macht oder nicht, sei euch überlassen.

Ich persönlich lasse ihn lieber weg, da er das Aroma von Spargel und Thymian etwas abschwächt.

Schnittlauch und Squacquerone

Pizza mit Squacquerone, einer Art Frischkäse aus Kuhmilch, stammt ursprünglich aus der Romagna, daher fand man früher den Käse außerhalb dieser Region eher selten. Doch wir leben ja in einer globalisierten Welt, und inzwischen lässt sich Squacquerone in jedem Supermarkt oder Lebensmittelgeschäft auftreiben.

Das Fundament der Pizza besteht aus Öl, Salz und Rosmarin.

Mit dem Squacquerone sollte man es besser nicht übertreiben, sonst rutscht er einem noch von der Pizza, und man hat es mit einer riesigen Sauerei zu tun.

Über den Squacquerone verteilt man etwas Schnittlauch.

Als Garnierung passen einige Rucolablätter.

Vier Jahreszeiten mit Kräutern
(auch Kräuterpizza)

Diese Pizza haben ohne Zweifel mein Onkel und ich erfunden, denn in ganz Italien ist mir noch nie eine ähnliche untergekommen.

Das Fundament besteht aus Tomatensauce und Mozzarella, danach wird die Pizza in vier Teile unterteilt und unterschiedlich belegt.

Ein Viertel mit Majoran, ein Viertel mit Schnittlauch, ein Viertel mit Oregano und ein Viertel mit Bohnenkraut.

Ich ordne Majoran und Oregano so an, dass sie einander gegenüberliegen, denn wenn man sie frisch benutzt, kann man sie leicht verwechseln.

Wie bereits erwähnt, ist Oregano das einzige Gewürz, das auch getrocknet gut schmeckt, ja sogar besser, wenn ich nach meinem persönlichen Geschmack gehe.

Verwende ich jedoch frischen Oregano, dann backe ich ihn nicht mit, weil ich den Eindruck habe, dass sein Aroma dadurch noch intensiver wird. Ich streue ihn erst über die Pizza, wenn sie schon servierbereit auf dem Teller liegt.

Manchmal ersetze ich den Oregano auch durch Thymian, das verändert den Geschmack nicht grundlegend.

Auf den Schnittlauch kommt nach dem Backen etwas Rucola.

Das Schwierigste an dieser Pizza ist, sich zu merken, wo man welches Gewürz hingelegt hat, für den Fall, dass später jemand nachfragt.

Estragon und Paprika

Estragon ist von kräftigem Aroma und süßlich, daher setze ich ihn eher sparsam ein, auch wenn seine langen weichen Blätter besonders angenehm anzufassen sind (besonders unangenehm hingegen sind bei Weitem Sardellen).

Die Paprika lege ich in Streifen auf die Pizza. Gegrillt.

Viele Hobbypizzabäcker vergessen zuweilen, dass sie einen Ofen zur Verfügung haben, beziehungsweise denken nicht daran, dass er nicht nur zum Backen von Pizza geeignet ist.

Keine Angst, das Grillen der Paprika macht das Ganze nicht umständlich. Ihr müsst sie nur säubern, in Streifen schneiden und auf das Parkett des Ofens legen, möglichst nahe an die Glut.

Noch besser geht es mit einem kleinen Rost, wenn ihr so etwas griffbereit habt. Legt die halbierten Paprika einfach drauf und schiebt den Rost über die Glut.

In der Zwischenzeit könnt ihr schon mal die Pizza vorbereiten.

Bergminze und Pilze

Bergminze ist sehr verbreitet, ich würde sogar so weit gehen zu behaupten, dass sie jeden Spalt auf der Erde bewuchert.

Sie wird leicht mit der Hadriansminze verwechselt, die ein weitaus kräftigeres Aroma hat.

Die frischen Pilze werden auf ein Fundament aus Tomatensauce und Mozzarella gelegt und anschließend mit den Blättchen der Bergminze garniert.

Je mehr man davon nimmt, desto besser.

Bei einigen Kräutern kann es mühsam sein, jedes einzelne Blättchen von seinem Stängel zu zupfen, doch bei der Bergminze ist es etwas leichter. Man muss den Zweig nur durch die locker zur Faust geformte Hand durchziehen, so als zöge man ein Schwert aus der Scheide. Die Blättchen lösen sich fast wie von selbst, ganz anders als bei Oregano und Majoran, die sich, was das betrifft, mehr zieren.

Borretsch und Garnelen

Borretsch ist ein Raublattgewächs von düsterem Aussehen, das zwischen April und August in jedem baufälligen Haus anzufinden ist. Seine blaue, sternförmige Blüte gehört zu einer außerirdischen Spezies und erinnert im Geschmack leicht an Gurke – das sagt schon alles. Solange er noch nicht blüht, könnte man ihn für eine fleischfressende Pflanze halten. Die Blüten können auch über den Winter eingefroren werden. Im Sommer kann man sie dann wieder hervorholen und zum Dekorieren von Cocktails oder Salaten verwenden. Manche machen das tatsächlich. Aber auf eigene Gefahr! Der Stängel und die Blätter des Borretsch sind von einer borstigen Behaarung, die nur in Vollmondnächten sprießt. Spaß beiseite. Die Behaarung gibt es tatsächlich – und wie! Sie verschwindet allerdings beim Kochen.

Borretsch sollte man nicht in großen Mengen roh verzehren; das könnte schlimme Folgen haben. In der Pizzeria kochen wir ihn und lagern ihn, zu faustgroßen Kugeln gepresst, in der Kühlkammer.

Die Gefahr, ihn mit Spinat zu verwechseln, besteht eher nicht.

Beim Anfassen, aber auch schon beim Hinsehen, bemerkt man gleich die viel gröbere, strohigere Konsistenz von Spinat.

Die leicht bittere Note von Borretsch passt aus ungeklärten alchimistischen Gründen ausgezeichnet zu Garnelen, die zwischen den Borretschfasern immer etwas verwundert dreinschauen, so als fragten sie sich, wie sie in die Fänge einer solchen Pflanze geraten konnten, wo sie doch eben noch ganz entspannt vor Mexiko oder Cesenatico umhergeschwommen sind.

SPELEOLOGENPIZZAS

Nein, diese Pizzas werden *nicht* mit Helm, Fackel und Sicherungsgurt in einer Grotte verzehrt.

In unregelmäßigen Abständen findet in Casola das jährliche Treffen der italienischen Speleologenverbände statt.

Früher wurde jedes Jahr eine andere Stadt zum Gastgeber bestimmt, und so ist es mehr oder weniger immer noch. An keinem anderen Ort aber hat dieses Treffen so oft stattgefunden wie in Casola.

1993 zum ersten Mal.

Das Treffen stand unter dem Motto »Nebel '93« und war für das verlängerte Wochenende um Allerheiligen geplant, also zwischen Halloween und dem 2. November, ein Datum, das sich inzwischen als fixer Termin durchgesetzt hat.

Ich war damals neunzehn und hatte gerade die Fachoberschule beendet. Kaum hatte ich mein Abschlusszeugnis in der Tasche, nahm ich vor der Elektrotechnik Reißaus und fand Zuflucht bei meinem Onkel in der Bar.

Ich übernahm die Frühschicht: Morgens um halb fünf öffnete ich die Bar und hatte dafür mittags um eins schon Feierabend.

»Nebel '93« war ein unvergessliches Erlebnis.

Jeder Speleologenverband hatte seinen eigenen Stand aufgebaut und bot Spezialitäten aus der jeweiligen Region an, dazu einen passenden Wein. Oder Schnaps. Oder eine Süßigkeit.

Der Verband aus Mantua etwa hatte einen Grappa mitgebracht, den man mit einer Art Bürste serviert bekam, einer Klobürste nicht unähnlich, und die Kalabreser kochten Punkt Mitternacht Spaghetti mit scharfer Peperoni. Schon beim ersten Bissen brannte einem der Mund lichterloh und wurde staubtrocken. Man brauchte mindestens einen Liter Rotwein, um das Feuer notdürftig zu löschen.

Während dieser drei Tage öffnete ich die Bar am Morgen, ohne davor überhaupt ins Bett gegangen zu sein.

Nach stundenlangem Feiern schleppte ich mich mit ausgetrocknetem, brennendem Mund zur Arbeit, und auf dem Weg dorthin sah ich die Einwohner von Casola friedlich auf der Wiese liegen und schlafen – oder auf der Fußmatte vor ihrer eigenen Haustür.

Für drei Tage wurden wir alle zu Höhlenforschern. Selbst wenn die meisten von uns, von zwanzig oder dreißig Personen mal abgesehen, nie tiefer ins Erdinnere vorgedrungen waren als bis in den eigenen Keller.

Der arme Lombardi schlief drei Nächte im Geäst des Magnolienbaums neben der Bar. Sobald er mich kommen hörte, stieg er herunter, um sich einen Kaffee zu holen.

Ich empfand es als besonderes Privileg, in einem Ort zu wohnen, wo sich die Höhlenforscher aus ganz Italien versammelten, wo man Grappa mit einem Schrubber serviert bekam, den man sonst nur zum Kloreinigen benutzte, und wo die Menschen noch auf Bäumen schliefen wie in der Steinzeit.

Während »Nebel '93« half mir Mago Mammola, morgens die Bar zu öffnen und überhaupt erst mal auf die Beine zu kommen. Er hatte vor Jahren einen Ausweg aus dem Tunnel der Drogen gefunden, nur um kurz darauf schnurstracks in der Einbahnstraße des Alkohols zu landen, die Gott sei Dank in der Regel nicht direkt in den Tod führt, selbst wenn man sein Leben lang in dieser Sackgasse stecken bleibt.

Die Speleologen hatten sich in Casola so wohl gefühlt, dass sie zwischen 1993 und 2000 ihre Mitgliederversammlung alle zwei Jahre in Casola abhielten.

Anders als in den anderen Orten, wo die Austragungsstätten meist in Gewerbegebieten außerhalb der Stadt lagen, versammelte man sich in Casola mitten im Zentrum. Und alle Bewohner wurden mit einbezogen. Alle.

Während »Speleopolis '97« sah ich meine Mutter zum ersten Mal betrunken. Und meine Tante. Um zwei Uhr nachts geisterten sie, einen Wikingerhelm aus Schaumgummi auf dem Kopf, immer noch zwischen den Fressständen der »SpeleoBar« umher, wie der gastronomische Teil auf der Festwiese genannt wurde.

In den Jahren, in denen das jährliche Treffen nicht in Casola stattfand, tourte der »Spereologen-Rennstall Saknussem«, so der Name unseres Speleologenverbandes (der Rechtschreibfehler ist beabsichtigt: *Spereologen* statt *Speleologen*, weil wir in Casola immer einen Sonderweg gehen müssen), mit seinem Verkaufsstand durch Italien. Zu seinen Verkaufsschlagern zählten Piadina, Squacquerone und der Kräuterlikör *Triubriacatore*, eine tödliche Mischung aus Grappa, Sambuca und Montenegro.

Um an den Jahrestreffen des Speleologenverbandes teilnehmen zu dürfen, muss man Mitglied sein und eine Gebühr bezahlen. Erst dann erhält man einen Mitgliedsausweis, der zur Teilnahme an den unterschiedlichen Veranstaltungen berechtigt.

Denn bei diesen Treffen handelt es sich nicht ausschließlich um Saufgelage.

Dafür sind die Abende reserviert.

Tagsüber werden Filme gezeigt oder Vorträge gehalten, man kann sich Reiseberichte über weltweite Expeditionen anhören und Ausstellungen besuchen.

Während des Jahrestreffens 2001 im toskanischen Odissea nel Corchia bekam ich zufällig ein nach Sektionen geordnetes Verzeichnis aller Verbandsmitglieder Italiens in die Hände.

Der Speleologenverband von Triest, einer der renommiertesten und größten von Italien, zählte neunzig Mitglieder. Der Speleologenverband von Bergamo, einer Provinz mit zwei Millionen Einwohnern, hatte hundertunddrei Mitglieder. Der Speleologenverband von ganz Lazio, mit zehn Millionen Einwohnern, hatte gerade mal hundertfünfzehn. Und der Speleologenverband von Casola hunderteinunddreißig.

Was die Mitgliederzahlen betraf, waren wir plötzlich so etwas wie das italienische Mexiko-Stadt.

Dazu muss man wissen, dass Casola gerade mal zweitausendachthundertsiebzig Einwohner hat.

Ich strotzte vor Stolz.

Während der drei Tage, an denen Casola die Speleologenverbände zu Gast hat, wird in dem kleinen Ort ganz schön geschuftet.

So habe ich, zusammen mit meinem Onkel, anlässlich jedes Jahrestreffens eine neue Pizza kreiert, die das Motto des jeweiligen Jahres trägt und dem Geschmack der Speleologen entspricht, bei denen es sich überwiegend um abenteuerlustige, äußerst kultivierte und unkomplizierte Menschen handelt.

Diese Pizzas finden sich alle noch auf unserer Speisekarte.

Und werden auch regelmäßig bestellt.

Ebenso wie jene mit Kräutern und Gewürzen sind sie eine eingetragene Marke der Pizzeria »Il Farro«.

Nebbia '93 (Nebel '93)

Die *Nebbia '93* ist eine leicht abgeänderte Variante der klassischen *Pizza Squacquerone*.

Öl, Salz und Rosmarin bilden dabei das Fundament, auf das der Squacquerone kommt.

Einzige Änderung: Die *Nebbia '93* wird vor dem Servieren statt mit Rucola mit rohem Schinken belegt.

Speleologie '95

Tomatensauce und Mozzarella, dazu Artischocken und reichlich gekochter Schinken.

Speleopolis '97

Solltet ihr euch eines Tages mal nach Casola verirren, wird euch vielleicht auffallen, dass auf dem Ortsschild unterhalb des richtigen Ortsnamens – Casola Valsenio – ein weiterer Name steht. Das ist nicht etwa der Ortsname in Dialekt, wie es in einigen Gegenden inzwischen zur Mode geworden ist. In Dialekt heißt Casola Valsenio »Kesla«, aber das hört sich eher wie der Name irgendeines Physikgenies an und nicht wie ein Ortsname.

Auf unserem Ortsschild steht unter Casola Valsenio »Speleopolis«. Ein toller Name, wie ich finde. Da hat man doch gleich das Gefühl, das Dorf, in dem man lebt, wird von einem Superhelden bewacht.

Die *Pizza Speleopolis* ist eine Hommage an alle, die gern essen. Als Anregung diente dabei die Anfangsszene aus *Die rechte und die linke Hand des Teufels*, einem der schönsten italienischen Filme überhaupt.

In dieser Szene machen Terence Hill und Bud Spencer, nachdem sie die Wüste durchquert haben, zum Essen Halt an einem Saloon.

Einziges Gericht auf der Karte ist ein Bohneneintopf, den sie direkt aus dem Topf und mit Brot statt Besteck in sich hineinschlingen, bis nichts mehr davon übrig ist.

Sie essen mit solchem Genuss und Heißhunger, dass ich allein vom Hinsehen jedes Mal ein Kilo zunehme.

Die *Pizza Speleopolis* besteht aus Tomatensauce und Mozzarella, Kidneybohnen bis zum Umfallen und ebenso viel Bauchspeck in Scheiben.

Millennium '99

Über das Fundament aus Tomatensauce und Mozzarella wird nach Belieben Thunfisch aus der Dose verteilt, ohne dass man vorher das Öl abtropfen lässt. Dazu kommen Kapern und Zwiebeln.

Scarburo 2006

Die *Pizza Scarburo* hat sich mittlerweile zu einem Renner entwickelt, auch wenn gerade kein Speleologentreffen stattfindet und sich keine Höhlenforscher in unserem Dorf herumtreiben.

Das Fundament besteht auch bei dieser Pizza aus Tomatensauce und Mozzarella.

Darüber wird strahlenförmig Spargel ausgelegt und mit Bauchspeck bedeckt. Nach der Hälfte der Backzeit wird in der Mitte der Pizza noch ein Ei aufgeschlagen.

Geografi del vuoto 2010
(Geographen der Leere 2010)

Tomatensauce und Mozzarella. Dann Kochsahne, Erbsen und gekochter Schinken.

Underground 2013

Das Fundament besteht nur aus Mozzarella, ohne Tomatensauce.

Belegt wird diese Pizza mit Spalten von Ofenkartoffeln, Zwiebeln und im Ofen geröstetem Speck.

NOCH MEHR PIZZAS

Zichorie (gemeine Wegwarte) und Spiegelei

Die Zichorie wird in der Pizza-Gastronomie so selten verwendet, dass sie eigentlich einen Ehrenplatz in der Sparte PIZZAS MIT KRÄUTERN UND GEWÜRZEN verdient hätte. Da ich aber nicht sicher bin, ob es sich bei dieser krautigen Pflanze wirklich um ein Gewürz und nicht vielmehr um einen bitteren Salat handelt, soll sie nun in diesem Kapitel zum Zuge kommen.

Die Zichorie verwendet man besser gekocht.

Legt sie auf das Fundament aus Tomatensauce und Mozzarella, und schießt die Pizza ein.

Nach der Hälfte der Backzeit holt ihr die Pizza zur Öffnung des Ofens und schlagt ein Ei darüber auf. Es wird nun wie ein Spiegelei mitgebraten.

Wem das noch immer zu wenig ist, kann um das Ei herum noch ein paar Scheiben Speck auslegen. So werden sie zusammen mit dem Ei leicht angebraten.

Wer Scharfes mag, kann die Zichorie, bevor man sie auf die Pizza legt, mit etwas Peperoni und vielleicht auch etwas Knoblauch vermengen.

Was das Ei betrifft, gibt es noch eine zweite Variante: Ihr könnt es in einen Teller aufschlagen und über die bereits belegte Pizza gießen, kurz bevor ihr sie einschießt.

So oder so – das Ergebnis wird in jedem Fall sensationell ausfallen.

Zucchiniblüten und Sardellen

Das Fundament besteht aus Tomatensauce und Mozzarella.

Sechs Zucchiniblüten säubern, wobei vorher der Stiel entfernt werden muss: Dazu haltet ihr die Blüte fest und dreht sie einmal herum, so als wolltet ihr sie abschrauben. So löst sie sich wie von selbst vom Stiel und auch vom Blütenstempel.

Öffnet die Blüten, und legt sie auf der Pizza aus.

Verteilt die zerteilten Sardellen zwischen den Blüten, und schießt die Pizza ein.

Mauro Rontini empfiehlt, die Sardellen direkt in die Blüten hineinzulegen. Meine Cousine, seine Frau, hingegen hält davon nur wenig. Sie behauptet, das ruiniere den Geschmack der Zucchiniblüten.

Ich mische mich da nicht ein. Entscheidet selbst, was euch besser schmeckt.

Akazienblüten

Anstelle von Hahn und Anze müsste als Wahrzeichen für die Emilia-Romagna eigentlich die Akazie stehen.

Man braucht sich nur einmal umzusehen, um sich zu vergegenwärtigen, wie aggressiv sich dieses mit Dornen versehene Lebewesen seit Jahren auch in unserer heimischen Gegend breitmacht. Die Akazie gedeiht überall, selbst inmitten von Stahlbeton: Fällt man eine Akazie, sind zwei Tage später aus dem Stumpf schon wieder vier neue Triebe nachgewachsen.

In der italienischen Sprache ist es ihr sogar gelungen, den Namen einer anderen Pflanze zu verfälschen; das, was der Rest der Welt unter der echten Akazie versteht, bezeichnen wir Italiener als »Mimose«.

Die Akazie ist eine Robinie. *Robinia pseudo-acacia*. Aber eben nur »pseudo«. Vom lieben Gott dazu erschaffen, die Tiere der Savanne zu sättigen, wurde sie in Italien ursprünglich angepflanzt, um Böschungen zu verstärken. Von hier aus machte sie sich auf, die Galaxie zu erobern. Die Akazie ist der einzige Baum, dem man beim Wachsen zuschauen kann.

Ich persönlich bin ja davon überzeugt, dass er nicht aus einem Samen entsteht, sondern als fertig gewachsener Baum im Erdreich existiert, während irgendwelche bösen Mächte nur darauf warten, ihn mit einem kräftigen Schub nach oben zu drücken.

Es gibt Leute, die behaupten, Akazienholz eigne sich hervorragend als Brennholz. Es mag daran gelegen haben, dass ich immer die falschen Streichhölzer benutzt habe, aber ich bin bei sämtlichen Versuchen, Akazienholz anzuzünden, gnadenlos gescheitert. Es wollte einfach nicht brennen. So ähnlich wie mir muss es allerdings auch anderen ergangen sein, ansonsten hätten wir das Problem der zu hohen Heizkosten ja schon vor Jahrhunderten gelöst. Allein in der Gemeinde von Casola gibt es mehr Akazien als Erdölvorkommen in Saudi-Arabien.

Immerhin schenkt die Akazie uns zwei wunderbare Gaumenfreuden: Honig und frittierte Akazienblüten.

Die Akazienblüte sieht nicht aus wie eine Blüte, sondern eher wie eine Traube weißer Schmetterlinge, die mit dem Kopf nach unten hängen.

Pflückt die Blüten bloß nicht einzeln, das könnte

tödlich enden. Nehmt lieber gleich die ganzen Trauben, so als wäret ihr bei der Weinernte. Nach einem Abstecher in die Notaufnahme, wo ihr euch die von den Dornen verursachten Risse in der Haut zunähen lasst, frittiert ihr die Blüten in eurem Ausbackteig so, wie sie sind (selbst wenn noch ein Stück Stiel dranhängt).

Dann legt ihr sie auf das Fundament aus Tomatensauce und Mozzarella.

Nach dem Essen, während ihr euch genüsslich die Finger abschleckt, fällt euer Blick auf einen einzelnen Dorn im Unterarm. Er ist durchaus nicht zufällig dort. Er dient euch als Zahnstocher.

Pizza mit Kastanienmehl

Es ist wirklich seltsam, welche verschlungenen Wege manche Pflanzen, ihre Früchte und die Lebensmittel, die wir daraus gewinnen, im Laufe der Zeit nehmen.

Über Jahrhunderte hinweg gehörten Esskastanien in Casola auf den Speiseplan armer Leute.

Aus Erzählungen der älteren Generation an der Bar weiß ich, dass es früher praktisch nur Zweierlei zu essen gab: an den Festtagen gefüllte Teigtaschen – *Sfoja lorda*, wie sie im Dialekt heißen –, eine, zumindest dem Namen nach, frische Pasta aus einem Getreiderest, in denen gähnende Leere klaffte, denn es gab nichts, woraus man eine Füllung hätte machen können, außer vielleicht Flusskiesel. Und an den restlichen Tagen gab es Esskastanien.

Geröstet, gekocht, auch mal roh, wenn man es gar nicht mehr aushielt, und in Form von Mehl.

Man machte überhaupt alles aus Kastanienmehl. Es war das Lebensmittel der Hungernden.

Heute, sechzig Jahre später, kostet ein Kilo Kastanienmehl so viel wie ein Barren Platin, und es wird dir von zwei bewaffneten Sicherheitsbeamten in einem Panzerwagen nach Hause geliefert.

Kastanienmehl ist eigentlich für Pizza nicht ideal. Es ist generell für alles, was fragiler beschaffen ist als ein Arm, nicht geeignet. Doch geht man sorgsam damit um und vermischt es mit Hartweizenmehl, bekommt man ab und an sogar einen runden Teigfladen in der richtigen Größe hin.

Wir bieten diese Pizza regelmäßig in der Weihnachtszeit an, gemeinsam mit den inzwischen zur Tradition gewordenen gekochten Esskastanien, die wir mit etwas frischem Lorbeer zubereiten, sowie einige Tüten geröstete Esskastanien, die beliebten Maroni. Bei uns heißen sie »Verbrannte Esskastanien«, denn nach dem Rösten ist die Hälfte davon nicht viel mehr als ein Klumpen Asche.

Eine Pizza aus Kastanienmehl kann man mit drei Schuss Öl und reichlich schwarzem Pfeffer verfeinern. Manche mögen sie auch mit ein paar Scheiben Bauchspeck. Phänomenal schmeckt sie jedoch, wenn man Nutella draufstreicht.

Mauro Rontini – der nicht nur der Ehemann meiner Cousine, sondern auch der brillanteste Torwart von Casola ist – und ich machen uns seit einiger Zeit einen Spaß daraus, neue Rezepte zu kreieren, wie sie es in den beliebten TV-Kochshows tun. So haben wir uns eine Pizza aus Kastanienmehl ausgedacht, die mit Trüffelöl, Pfeffer, getrockneten Steinpilzen und Zambudello (einer Wurst aus dem Muskelfleisch des Schweins, gewürzt mit Knoblauch und Pfeffer) belegt wird. Garniert wird sie mit einem Buchenstamm, zwei stacheligen Kastanienschalen und einer Heckenschere.

Vor dem Servieren noch ein Schuss Öl von der Motorsäge drüber – fertig!

Massimo

Diese Pizza ist von unserer Speisekarte nicht wegzudenken. Sie ist benannt nach Prinz Tabanelli Massimo, unserem treuesten Stammgast, der sie, soweit ich weiß, selbst erfunden hat und seit zwanzig Jahren ausnahmslos bestellt. Das Fundament besteht aus Tomatensauce und Mozzarella, belegt wird sie mit pikanter Salami, schwarzen Oliven und hart gekochtem Ei.

Das Original der *Pizza Massimo* wird ausschließlich zum Mitnehmen bestellt, zusammen mit einer kurz gebackenen *Pizza Pilze und Schinken* für die Gattin.

24 Jahreszeiten nach Dino-Art

Als mein Großvater noch lebte, verbrachte er einen Großteil seiner Zeit in dem illegal erbauten Schuppen gleich neben der Kirche. Dino war sein Nachbar. Ein halbes Jahrhundert lang hatten die beiden sich um ein Stück Boden gezankt, das genau auf der Grenze zwischen den Grundstücken lag und auf dem ein Paar Rebstöcke der Albana-Traube wuchsen. Es war ein winziges Stück Land; gerade mal ein Viertel Rebzeile, drei Rebstöcke, wenn es hochkommt, inmitten von dornigem Brombeergestrüpp.

Dino, wie alle aus seiner Generation, kommt immer gegen halb sechs in die Pizzeria, um sich seine Pizza abzuholen. Er kommt immer im Laufschritt und ist jedes Mal außer Atem, wenn sein Kopf am Treppensatz auftaucht. Er spricht sehr hektisch und bringt oft die Namen der Pizzas durcheinander, weil er dazu gezwungen ist, eine Sprache zu benutzen, die für ihn nicht natürlich ist: das Italienische. Wäre er Professor in einer großen Stadt, hätte man ihn für die Wortschöpfungen, die er dabei hervorbringt, schon längst als Philosoph bejubelt.

Eines Tages kam er in einem unglaublichen Affenzahn die Treppe heraufgespurtet, als fürchtete er, wir würden die Pizzeria jeden Moment schließen. Es war gerade mal Viertel vor sechs. Oben angelangt rang er einen Moment lang nach Atem, dann hob er den Zeigefinger und fragte: »Wie ist eigentlich die *24 Jahreszeiten*?«

Eine *24 Jahreszeiten* – das war tatsächlich mal was Neues.

Mir war schon so einiges untergekommen, denn in einer Pizzeria verlangen die Leute nach allem Möglichen oder Unmöglichen. Ich hatte mal einen Gast, der ausschließlich zu uns kam, um ein Kilo Salz zu kaufen.

Aber Dino war anders. Er lebte in einer sagenumwobenen Pizzawelt.

Einmal bestellte er eine *Cappericciosa*, worunter ich mir eine Art Chimäre, halb Kapern, halb *Capricciosa*, vorstellte; ein anderes Mal wollte er eine Pizza mit einer doppelten Portion Mortadella, was sich später als doppelte Portion Mozzarella entpuppte, denn soweit ich weiß, hat es Mortadella noch in keine Pizzeria geschafft.

»Ehrlich gesagt, Dino«, antwortete ich verdutzt, »wir haben hier eigentlich nur die Pizza mit zwanzig Jahreszeiten weniger, aber wenn du mir sagst, wie deine aussieht ...«

Seitdem isst Dino nun regelmäßig seine *24 Jahreszeiten,* die im Grunde eine *Vier Jahreszeiten* ist, nur mit Salsiccia anstelle von Artischocken, denn seine Generation steht nicht nur mit der italienischen Sprache und den eigenen Nachbarn auf Kriegsfuß, sondern hat es auch nicht so mit Gemüse. Vielleicht weil sie während des Krieges so hungern mussten, dass sie sich bis heute nicht davon erholt haben.

Nicaragua

Meine eigene Kreation für alle, die Scharfes mögen. Der Boden wird mit Tomatensauce bestrichen, anschließend wird reichlich Chilipulver darübergestreut. Dann kommt die erste Schicht pikante Salami und darüber der Mozzarella. Nun folgt eine zweite Schicht Salami, dann Pfeffer, und als Abschluss zerreibt ihr noch zwei oder drei getrocknete Chilischoten über das Ganze. Frauen und Kinder sollten vorsichtshalber evakuiert werden.

Rontatouille

Mauro Rontinis Version des Ratatouilles; gemeint ist jener Mauro Rontini, bekannt auch unter dem Namen »Spinne von La Storta«, der mit meiner Cousine verheiratet ist, und nicht sein Namensvetter aus Zattaglia. (Ab und zu verwechseln Banken und Versicherungen die beiden, und unser Mauro Rontini bekommt Rechnungen über astronomische Summen Kfz-Steuer. Dann schaut er auf den Adressaten, und schnell stellt sich heraus, dass sie nicht für ihn sind, sondern für den anderen Mauro Rontini, der eine Panzerdivision aus Traktoren und Baggern besitzt. Erleichtert schickt er die Rechnungen dann an den Absender zurück. Ganz anders verhält es sich, wenn er fälschlicherweise einen Kontoauszug von dem anderen Mauro Rontini erhält: Dann schwebt er zehn Sekunden lang über den Wolken und schaut erstmal nicht auf den Adressaten.)

Bei der *Pizza Rontatouille* kommen auf das Fundament aus Tomatensauce und Mozzarella reichlich Zucchini, frische Tomaten, Aubergine in Streifen, Bauchspeck in Scheiben und Artischocken. Bei der Originalversion darf das Gewicht der Pizza die zwei Kilo-Marke nicht unterschreiten.

Pina

Die *Pizza Pina* ist nach einem weiblichen Gast benannt. Sie hat die Pizza erfunden und ist die Einzige, die sie überhaupt isst. Die *Pizza Pina* darf ausschließlich in dem kleinen Zeitfenster zwischen 18.15 Uhr und 18.23 Uhr zubereitet werden, und nur am Samstagabend. Daran lässt sich das Original von der Fälschung unterscheiden.

In die Mitte des Pizzabodens werden drei Kleckse Tomatensauce gegeben. Anschließend ertränkt ein Meer von Öl den Tomatengeschmack und verteilt sich über die ganze Pizza.

Dann wird eine erste Schicht grob geriebenen Parmesans darübergestreut, dazu kommen etwas Rosmarin, Salz und eine Handvoll roten Radicchios. Nun folgen eine zweite Schicht Parmesan und ein prüfender Blick auf die Uhr. Ist es noch nicht 18.23 Uhr, kommen als Abschluss noch zwei dünne Scheiben gekochter Schinken obendrauf.

Über die fertig gebackene Pizza etwas Parmesan geben.

Pizza Phantasie

Ich rate jedem professionellen Pizzabäcker davon ab, seinen Gästen die *Pizza Phantasie* zu empfehlen: Sie hat den gleichen Effekt wie Methadon bei Drogenabhängigen. Hat man seine Gäste erst einmal verhätschelt, kommt man aus dieser Nummer nie wieder raus. Ein einziges Mal bin ich schwach geworden, und zwar bei meinem Freund Andrea Carli Moretti, der zu unseren treuesten Gästen zählt. Und der einer der wenigen ist, mit dem ich meine Leidenschaft für die Literatur teile; außer Pizza liefere ich ihm von Zeit zu Zeit eine Liste mit Büchertipps, die ich selbst gerade lese. Und er empfiehlt mir seine Lieblingsbücher.

Andrea Carli Moretti war der Erste in einer langen Reihe von Menschen, die von der *Pizza Phantasie* nie mehr losgekommen sind.

Jahrelang hatte er immer nur Pizza mit Aubergine und Schinken gegessen. Bis zu jenem Tag, als er die Pizzeria besonders niedergeschlagen betrat. Ich glaube, es war nach einer Niederlage seines Lieblingsvereins AC Florenz in irgendeinem Pokalspiel.

Er war so gedrückter Stimmung, dass er kein Wort herausbrachte, geschweige denn imstande war, sich für eine Pizza zu entscheiden.

Geduldig wartete mein Onkel auf seine Bestellung.

Bis Andrea resigniert die Hand hob und meinte: »Ich überlasse die Entscheidung dem Pizzabäcker.«

Überlässt der Gast die Wahl der Pizza dem Pizzabäcker, tendiert man in der Regel zu einer klassischen Variante, mit Pilzen und Salsiccia vielleicht, oder man macht eine *Capricciosa*.

In der geschilderten Situation entschied ich mich jedoch für eine abgewandelte *Vier Jahreszeiten*.

Ich behielt das Grundkonzept bei, änderte aber die klassischen Zutaten ab und machte ihm eine Pizza, die in vier Abschnitte unterteilt war: ein Viertel mit Radicchio und Bauchspeck, ein Viertel mit pikanter Salami und Aubergine, ein Viertel mit zwei Klecksen Frischkäse und Salsiccia und ein Viertel mit Thunfisch und Zwiebeln.

Vor dem Servieren garnierte ich sie noch in der Mitte mit drei Blättchen Rucola und etwas Parmesan.

Seit jenem Tag bestellt Andrea Carli Moretti nichts anderes mehr.

Und ich bin wirklich stolz darauf, ihm in all den Jahren immer neue Versionen der *Pizza Phantasie* zubereitet zu haben.

Ich mag es, meine Stammgäste zu verwöhnen.

Bestellt allerdings ein Gast eine *Phantasie*, der

sich nur dann zu uns verirrt, wenn die Konkurrenz Betriebsferien macht, bekommt er von mir eine Pizza mit Salz, Öl und Rosmarin.

Meine Phantasie brennt auf Sparflamme, wenn jemand von mir Kreativität verlangt, der eigentlich nie da ist.

Bevor er geht, frage ich einen solchen Gast gern nach einem Foto.

»Zur Erinnerung«, sage ich. »Schließlich sehen wir uns erst in einem Jahr wieder.«

Margherita Don Pio

Die *Margherita Don Pio* Pagani, benannt nach dem gleichnamigen Priester der Gemeinde Rivacciola, ist eine Abwandlung der klassischen Margherita, die grundsätzlich ab 19.20 Uhr, wenn die Totenandacht zu Ende ist, zur Abholung bereitstehen muss.

Während der Backzeit ist darauf zu achten, dass der Blick des Pizzabäckers aus dem Fenster und auf das Pfarrhaus gerichtet bleibt, damit die Pizza im richtigen Moment, nämlich sobald Don Pio durch die Tür der Sakristei tritt, aus dem Ofen genommen werden kann.

Die *Margherita Don Pio* wird in römischen Sesterzen bezahlt, wobei Münze für Münze mühsam aus einem winzigen Geldbeutel aus Rehleder hervorgekramt wird.

Casola Kebab

Eine meiner Eigenkreationen, die ich mir schon vor Jahren ausgedacht habe. Denn pausenlos Pizza, hundertachtzig Tage am Stück und das über Jahre, das kann einem auch mal zu viel werden.

Ich liebe Kebab, und ich wollte etwas kreieren, das dem Kebab ähnelt, aber aus Zutaten der Pizza-Gastronomie besteht.

Der Teigling wird auf die gewünschte Größe gezogen – ich mache ihn immer etwas größer als das Fladenbrot, das wir vom Kebab kennen – und in den Ofen geschoben.

Nur halb durchgebacken, kurz bevor er aufgeht, wird er aus dem Ofen herausgenommen, so bleibt der Teig weich und geschmeidig.

In einer Aluminiumschale brate ich, neben der Glut, Salsiccia in Würfeln, Zwiebeln und Radicchio an und gebe reichlich Chili dazu.

Anschließend werden frische, in größere Stücke geschnittene Tomaten hinzugefügt und das Ganze noch einen Moment lang weitergebraten.

Hat die Mischung die Konsistenz, die ich mag,

also nur leicht angebraten, verteile ich sie auf dem noch halb rohen Teigfladen und rolle ihn möglichst kegelförmig zusammen.

Nun kommt das Ganze noch einmal in den Ofen, bis der Teig ganz durchgebacken ist – und fertig ist der Casola Kebab.

Will man den perfekten Kebab-Effekt erzeugen, kann man, gleich nachdem man ihn aus dem Ofen genommen hat, Squacquerone darübergeben oder einen anderen weichen Käse.

Pizzabrötchen

Hier kann man bei den Zutaten frei wählen, der Phantasie sind keine Grenzen gesetzt.

Der einzige Trick besteht darin, den Teigling nur leicht zu ziehen, bis er etwas mehr als die doppelte Größe erreicht hat. Dann kommt er in den Ofen und als fertiger Brotlaib wieder heraus.

Lasst ihn nicht allzu lange im Ofen: Sobald er etwas Volumen entwickelt, nehmt ihr ihn heraus.

Schneidet ihn der Länge nach auf, und nehmt etwas von der weichen Masse im Inneren heraus. Dann legt ihr die beiden Hälften erneut in den Ofen, so lange, bis sie für euren Geschmack fertig gebacken sind.

Nun könnt ihr das Pizzabrötchen mit allem belegen, was euch schmeckt.

Ich mache mir manchmal eines mit rohem Schinken und Mozzarella, den ich auf eine der Hälften lege und im Ofen leicht zergehen lasse.

DIE ORIGINAL NEAPOLITANISCHE PIZZA (G.T.S.)

Bei der klassischen neapolitanischen Pizza gibt es einige Vorgaben, die man unbedingt einhalten sollte, sowohl was die Zutaten betrifft, als auch bei der eigentlichen Herstellung.

Der Teig der echten neapolitanischen Pizza besteht aus 1,9 Kilo Weizenmehl der Type 00, 1 Liter Wasser, 3 Gramm Bierhefe und 50 Gramm Salz.

Öl ist absolut tabu.

Das Mehl wird nach und nach zu Wasser und Hefe hinzugegeben.

Ist der Teig fertig, lässt man ihn unter einem feuchten Küchenhandtuch einige Stunden bei Raumtemperatur gehen.

Dann werden daraus Teiglinge von einem Gewicht jeweils zwischen 180 Gramm und 250 Gramm abgeteilt, die wiederum vier bis sechs Stunden gehen müssen, ebenfalls bei Raumtemperatur.

Nach der Ruhezeit müssen die Teiglinge innerhalb von sechs Stunden weiterverarbeitet bzw. auf-

gebraucht werden, da der Gärprozess bereits fort-
geschritten ist.

Die Teiglinge dürfen bei der echten neapolitanischen Pizza nur per Hand gezogen werden.

Bestäubt sie dazu mit reichlich Mehl, und bearbeitet sie mit den Fingerkuppen.

Bemehlt dann erneut Arbeitsfläche und Teiglinge, und versucht den Teig auszuwalzen, indem
ihr ihn mit den Handkanten auseinanderzieht. Sobald ihr eine etwas größere runde Fläche herge-
stellt habt, versucht ihr ihn weiter mit der Innen-
seite der Handflächen auseinanderzuziehen, wobei
ihr ihn im Uhrzeigersinn immer ein Stückchen wei-
terdreht. Geht dabei von der Mitte aus, und schiebt
den Teig zu den Rändern hin; der Boden sollte zum
Schluss in der Mitte hauchdünn sein und die Ränder hoch.

Ist der Boden fertig, wird er mit Tomatensauce,
einer Prise Salz und Mozzarella belegt.

Darauf kommen einige Blättchen Basilikum und
etwas Olivenöl.

Wer unbedingt frische Tomaten verwenden
möchte, sollte nur folgende Sorten nehmen: *San
Marzano dell'Agro sarnese nocerino (g.U.)*, Cocktail-
tomaten der Sorte *Corbara* (*corbarino*) oder *Pien-
nolo del Vesuvio (g.U.)*.

Für Tomatensauce sollte man geschälte Tomaten

der Sorte *San Marzano dell'Agro sarnese nocerino* (g.U.) verwenden oder auch länglichere Tomaten wie die Sorte *Roma*.

Was den Mozzarella angeht, könnt ihr echten Büffelmozzarella nehmen oder normalen Mozzarella, den Original *Fior di Latte* aus dem südlichen Apennin oder einen anderen gekennzeichneten *Fior di Latte*.

Wer möchte, kann auch eine Handvoll Parmesan über die Pizza geben.

Das Backen der *Original Neapolitanischen Pizza* ist die größte Herausforderung bei dem Ganzen.

Dazu muss der Hobbypizzabäcker erst einmal einen Lavastrom finden, über dem er die Pizza auf einem gusseisernen Blech backen kann.

Spaß beiseite.

Zum Backen der *Original Neapolitanischen Pizza* muss der Holzofen eine sehr hohe Temperatur haben, so um die 490 °C bis 500 °C.

Die Pizza bleibt nicht länger als eineinhalb Minuten im Ofen, damit der Sims außen richtig knusprig wird und innen schön weich.

Eine echte neapolitanische Pizza, die ihren Namen verdient, erkennt man an der so genannten »Leopardur«, also den kleinen verbrannten Stellen auf dem Sims, die an das gescheckte Fell eines Leoparden erinnern. Daher auch der Name.

Zieht sich die Leopardur gleichmäßig über den gesamten Sims, ist das der beste Beweis für eine gelungene neapolitanische Pizza.

Allen Hobbypizzabäckern, die sich auf dieses Unterfangen einlassen, wünsche ich von ganzem Herzen: »Viel Erfolg!«

SÜSSE PIZZAS

Über die Pizza sagt man oft, sie sei eine komplette Mahlzeit, und an dieser Wahrheit ist tatsächlich nicht zu rütteln.

Eine komplette Mahlzeit nicht nur, was ihren Energie- und Kaloriengehalt betrifft, sondern auch, weil sich eine Pizza für jeden Gang zubereiten lässt, vom Aperitif bis zum Nachtisch.

Während eure Gäste auf den Hauptgang warten, bereitet ihr ihnen schnell ein Fladenbrot zu, eine so genannte *Schiacciata*, mit Öl, Salz und Rosmarin.

Zum Servieren teilt ihr sie in kleine Häppchen und belegt sie mit klein geschnittenem Schinken.

Die *Schiacciata* passt ideal zu einem Aperitif, eignet sich aber ebenso als Vorspeise zu Wein.

Nach dem Pizza-Hauptgang folgt dann die Nachspeise ...

Pizza mit Nutella

Formt einen runden Teigboden und gebt schön verteilt einige Klekse Nutella auf die eine Hälfte.

Dann faltet ihr die Pizza wie eine *Calzone* zusammen, wobei ihr die unbelegte Seite auf die belegte klappt und die Ränder etwas nach innen einschlagt.

Es geht nicht darum, die Ränder vollständig zu verschließen. Im Gegensatz zu Mozzarella, der komplett schmilzt und das ganze Parkett des Ofens überschwemmt, wird Nutella nur etwas feucht, mehr nicht.

Bevor ihr die Pizza in den Ofen schiebt, könnt ihr die Oberseite noch mit etwas süßem Likör bepinseln.

Wir verwenden dazu Mandarinenlikör. Wenn ihr lieber einen Zitronenlikör nehmen wollt – der passt auch gut. Oder jeder beliebige fruchtige Wodka. *Grand Marnier* zum Beispiel ist ideal.

Vergewissert euch, dass der Teig nicht an der Arbeitsfläche klebt. Was das betrifft, sind Liköre noch schlimmer als Tomatensauce. Dann schießt ihr die Pizza ein.

Der Teig sollte die Form behalten, die er im rohen Zustand hatte; beginnt er sich zu wölben, drückt ihr leicht mit der Pizzaschaufel auf die Oberfläche.

Noch frisch aus dem Ofen, bestäubt ihr die Pizza mit Puderzucker.

Für vier Personen sind zwei ganze Pizzas besser: eine als Unterlage, die zweite als »Deckel«. Wollt ihr nicht einen ganzen Teigling als Deckel benutzen, genügen auch einige Teigreste.

(Die *Pizza mit Nutella* muss nicht in Form einer *Calzone* zubereitet werden. Ist euch die normale Pizzaform lieber, verliert die Nutella zwar an Feuchtigkeit und trocknet an den Rändern etwas aus, aber im Inneren bleibt sie weich. So mag ich sie am liebsten.)

Pizza mit Honig

Die Zubereitung gleicht der von *Pizza mit Nutella*.

Mit Honig sollte man jedoch etwas sparsamer umgehen, da er sich bei Hitze sehr verflüssigt und nicht mehr zu bändigen ist.

Wenn ihr die Ränder nicht gut verschließt, könnt ihr eure Pizza und auch das Parkett eures Ofens innerhalb kürzester Zeit vergessen.

Bei meiner ersten *Pizza mit Honig* habe ich die ganze Nacht damit zugebracht, den Honig von der Oberfläche des Pizzasteins zu kratzen, und nach einer Stunde war ich so verzweifelt, dass ich drauf und dran war, den elektrischen Handschleifer zu Hilfe zu nehmen.

Wenn ihr aber lebend aus der Sache rauskommt, ist euch die Bewunderung gewiss.

Ich bin eigentlich kein Fan von Süßem, aber eine Pizza mit Honig ist wirklich etwas Edles und etwas ganz Besonderes.

Pizza mit Ananas

Zuerst formt ihr einen Pizzaboden, dann beträufelt ihr ihn mit einem süßen Likör. Legt dann nach Belieben Ananasscheiben darauf, und schiebt die Pizza in den Ofen.

Für alle süßen Pizzas gilt: Man sollte sie nicht allzu lange im Ofen lassen.

Vor dem Servieren wird sie noch mit Puderzucker bestäubt.

Pizza mit Mascarpone

Auch diese Pizza wird nicht zusammengeklappt und ähnelt in der Zubereitung der *Pizza mit Ananas*.

Wenn ihr auf den Mascarpone noch etwas Rohr-

zucker streut, bevor ihr die Pizza einschießt, bekommt sie eine leicht karamellisierte Glasur wie
eine Crème brûlée.

SÜSSE PIZZAS MIT VERGESSENEN OBSTSORTEN

Calzone mit Fuchsbirne

Für dieses Rezept empfehle ich die Form der Calzone aus dem einfachen Grund, weil so die Birnen beim Einschießen der Pizza nicht so leicht vom Teig rollen.

Fuchsbirnen sind winzige Handgranaten, an denen ein riesiger Zünder befestigt ist: der Stiel.

Lasst den Stiel an den Birnen dran, er wird euch später noch nützlich sein!

Roh sind Fuchsbirnen ungenießbar. Ich meine, wenn ihr am Verhungern seid, könnt ihr sie schon probieren. Dann sterbt ihr eben nicht den Hunger-, sondern den Erstickungstod.

Wie fast alle vergessenen Obstsorten muss man auch die Fuchsbirnen vor dem Verzehr kochen.

Genau deshalb sind sie für lange Zeit in Vergessenheit geraten; unsere Großeltern haben sich auf die ersten Äpfel aus Südtirol, die zum Kauf angeboten wurden, regelrecht gestürzt, nachdem sie sich eben erst von den Entbehrungen des Krieges erholt hatten. Ich möchte sie dafür nicht tadeln, schließlich hatten sie ihr Leben lang auf säuerlichem Fleisch herumkauen müssen, das zäh war wie Schuhsohlen.

Das Rezept für Fuchsbirnen aus der Emilia-Romagna ist, bei aller Bescheidenheit, das Beste von allen.

Bei dieser Variante werden die Birnen zunächst in Sangiovese gekocht. Gibt es in eurer Gegend keinen Sangiovese, habt ihr bei der Wahl eures Wohnortes etwas falsch gemacht.

Im Ernst: Ihr könnt im Grunde irgendeinen Rotwein nehmen, aber ein richtiger sollte es schon sein. Der Sangiovese ist außerhalb unserer Gegend nicht allzu bekannt, was sein Gutes hat. So bleibt mehr für uns übrig. Viele wissen zum Beispiel gar nicht, dass der berühmte Brunello zu 80 Prozent aus Sangiovese besteht.

Die Fuchsbirnen werden so lange in Rotwein gekocht, bis sie weich sind. Dabei sollten die Früchte zu zwei Dritteln mit Rotwein bedeckt sein. Je nach Geschmack kann auch etwas Zimt hinzugegeben werden.

Am Ende der Garzeit sollte der Rotwein zu einer Art Gelee verkocht sein.

Ist er das nicht, schiebt den Topf mit Rotwein und Fuchsbirnen einfach bei 200 °C in den Ofen, dann überlegt er es sich schnell anders.

Verteilt das Weingelee als Fundament über den Pizzateig, und legt die Birnen darauf, indem ihr sie an dem berühmten Stiel anfasst. Seid dabei besonders vorsichtig, damit er nicht abbricht und die Birnen auf den Boden fallen. Es könnte sonst zu einer Explosion kommen. Schließt nun die Calzone, und bepinselt sie mit Mandarinenlikör. Dann wird sie gebacken.

Auch diese Pizza wird nach dem Backen mit etwas Puderzucker bestreut.

Fuchsbirnen in Sangiovese sind ein wahrer Gaumenschmaus.

Ich habe den italienischen Schriftsteller Alessandro Baricco gesehen, wie er sich mit leuchtenden Augen aus Casola davonstahl, einen Topf voller Fuchsbirnen unter dem Arm, den Oberkörper schützend darübergebeugt, als trage er eine Schatztruhe fort.

Pizza mit Quitten

An dieser Pizza ist eigentlich nichts besonders schwierig – wenn man erstmal den Kampf mit der Quittenmarmelade überlebt hat.

Quitten sind, wie alle anderen vergessenen Obstsorten, im rohen Zustand äußerst mühsam zu kauen. Sie sind eher was für Märtyrer.

An jedem Bissen kaut man stundenlang, und hat man ihn dann endlich heruntergeschluckt, kann man sich nicht mal sicher sein, ob man die Kiefer wieder auseinanderbekommt, denn der Saft der Quitte bindet wie Zement.

Pflückt die Quitten, wenn sie noch grün sind, und verarbeitet sie, wenn sie gelb geworden sind. Lasst euch bloß nicht vom Duft der Quitte dazu verführen, das Fruchtfleisch zu probieren: Es bleibt auch im reifen Zustand hart und bitter und hat praktisch keinen Saft.

Teilt die Quitten in Würfel, gebt drei Gläser Wasser dazu und lasst die Früchte richtig zerkochen. Nähert euch dem Topf erst wieder, wenn ihr sicher seid, dass sie keinen Mucks mehr von sich geben.

Die verkochten Quitten passiert ihr mithilfe einer Flotten Lotte und gebt sie anschließend zusammen mit Zucker und Vanillin in einen Topf.

Nun folgt der Gnadenstoß: Noch einmal wird das Ganze zum Kochen gebracht.

Rührt ab und zu etwas um, bis eine gleichmäßige Masse entstanden ist. Dann kommt etwas Zitronensaft hinzu, und alles wird für weitere fünf Minuten aufgekocht.

Nun habt ihr die Quitten gezähmt. Füllt sie in Gläser ab. Dort mögen sie in Frieden ruhen.

Spaß beiseite: Formt den Pizzateig zu einem runden Boden und tröpfelt etwas Likör darüber, so als wäre es Öl.

Mögt ihr es eher süß und wenig alkoholhaltig, dann ist ein Mandarinenlikör ideal.

Wer Kräuterliköre vorzieht und experimentierfreudig ist, dem empfehle ich Chinotto oder einen Mandarinenpunsch.

Über den Likör streicht ihr nun die Quittenmarmelade. Passt dabei gut auf, dass sie euch nicht beißt.

Vor dem Servieren bestreut ihr die Pizza mit Puderzucker.

Pizza mit vergessenen Obstsorten
aus der Konserve

Süße Pizza kann man mit allen möglichen vergessenen Obstsorten machen.

Mit Azaroldorn, Mispeln, Chinesischer Jujube, Mehlbeeren, Maulbeeren oder Kornelkischen: Was immer ihr mögt.

Da Marmelade jedoch nicht wirklich mein Fachgebiet ist, gebe ich euch folgenden Tipp: Kommt doch einfach am dritten Wochenende im September nach Casola Valsenio, da feiern wir das »Fest der vergessenen Obstsorten«. Dort verkaufen die Einwohner des Dorfes, die sich auf diesen Moment das ganze Jahr über vorbereitet haben, alle Obstsorten als Marmelade oder Kompott.

Kauft so viel eingemachtes Obst, wie ihr wollt, und tobt euch richtig aus.

TRAKTAT VON DER PSYCHOLOGIE DER PIZZA

DER MARGHERITA-TYP

Die *Margherita* ist die Pizza des wahren Kenners; der schlichte Belag erlaubt es, sich ganz auf den Geschmack des Teiges zu konzentrieren.

Hat der wahre Kenner dies ausgiebig getan, lässt er sich darüber aus, was er von dem Teig hält und was er alles herausgeschmeckt hat.

Ein echter Margherita-Junkie ist ein solcher Fachmann, dass er aus dem Teig Dinge herausschmecken kann, die du in deinem ganzen Leben noch nicht gesehen, geschweige denn in deinen kühnsten Träumen erdacht hast. Aber er ist sich seiner so sicher und so glücklich darüber, dich entlarvt zu haben, dass du ihm recht gibst, nur um ihm nicht das Herz zu brechen.

Im Übrigen sind ausnahmslos alle Gäste, die eine *Margherita* bestellen, bei jedem professionellen Pizzabäcker beliebt, weil sie eine Menge an Zeitersparnis bedeuten.

So schlicht die *Margherita* selbst ist, so deutlich zeigt sich der Bildungsgrad der Person, die sie bestellt.

Abgesehen von älteren Menschen, die sie wählen, weil eine Pizza ohne Belag leichter verdaulich ist, sind es meiner Erfahrung nach meist Gebildete, die eine *Margherita* bestellen.

Jemand, der, sagen wir mal, nur einen mittleren Schulabschluss besitzt, kommt ohne einen Berg an Pizzabelag nicht aus.

Die einfachste aller Pizzas zu wählen, darin zeigt sich die Gesinnung eines Mystikers, eines Asketen oder Philosophen. Und dafür braucht man mindestens einen BA.

DER VON ALLEM-ETWAS-TYP

Jede Pizzeria hat ihre eigene Variante der »Von allem etwas«-Pizza. Für gewöhnlich trägt diese Pizza den Namen des jeweiligen Lokals, vielleicht weil nach ihrer Zubereitung sowohl die Toppingstation als auch die Kühlräume komplett leergeputzt sind und der Gast, der die Pizza bestellt hat, im wahrsten Sinne des Wortes das ganze Lokal verdrückt hat.

Ich habe mir immer ausgemalt, dass die wenigen, die eine Vorliebe für diese Art von Pizza haben, in ihrem Innersten den heimlichen, unerfüllten Wunsch hegen, Pornostar zu werden – zumindest die männlichen Gäste.

Sie brüsten sich mit ihrer Zwei-Kilo-Pizza, die unübersehbar auf dem Tisch thront, und vergewissern sich durch prüfende Blicke, dass die anderen Gäste sie auch ja bemerken.

Frauen hingegen, die diese Pizza bestellen, wollen meiner Meinung nach damit allen zeigen, wer zu Hause das Sagen hat.

Diese Pizza übernimmt eine ähnliche Funktion wie chemische Botenstoffe zwischen Insekten, oder anders gesagt, steht für das Bemühen, sein Revier zu markieren.

Es ist in der Tat eine Pizza für gesellige Menschen, denn meiner Erfahrung nach wird sie immer nur bestellt, wenn mindestens vier Personen an einem Tisch sitzen.

DER SCHIACCIATINA-TYP

Jedes Mal, wenn ich die Bestellung für eine Pizza mit Öl, Salz und Rosmarin reinbekomme, denke ich spontan, dieser Gast muss wohl erst kürzlich aus dem Krankenhaus entlassen worden sein.

Und als Nachspeise will er sicherlich Apfelkompott, folgere ich automatisch.

Dann wiederum kommt mir ein anderes Bild in den Sinn: Schränke voller Ledermonturen, Peitschen, Handschellen und roter Kugeln, die als Knebel dienen.

Ich habe nichts gegen eine gute *Schiacciatina*, vielleicht mit etwas Weichkäse oder Schinken dazu, aber zum Essen ausgehen und dann nichts weiter bestellen als Öl, Salz und Rosmarin, das ist wie bei McDonald's nur einen Salat zu nehmen. Klar kann man das machen, ich will da niemandem zu nahe treten, aber dafür muss man schon einen Hang zur Askese haben.

Schiacciatina mit Schinken

Wenn ich auf dem Bestellbon »*Schiacciatina* mit Schinken« lese, weiß ich schon im Voraus, was ich sehe, wenn ich den Kopf hebe:

A: ein Paar, beim dem Er versucht, Eindruck zu schinden, indem Er sich als Gesundheitsapostel ausgibt oder Ihr zumindest zu verstehen geben will, dass Er nicht vorhat, sein Übergewicht für immer zu behalten – im Gegenteil. Denn genau ab diesem Moment wird Er sich ausgewogen ernähren.

B: ein junges Mädchen in jener Entwicklungsphase, in der es davon überzeugt ist, dass 50 Gramm Mozzarella schon ausreichen, um wie ein Michelin-Männchen aufzugehen.

Oder C: meine Tante Angela, die bereits um halb sechs zu Abend gegessen hat, die ganze Zeit schon darbt, nun, um Viertel nach neun, einen leichten Schwächeanfall erleidet und sofort etwas zu knabbern haben muss, weil sie sonst auf der Stelle vom Stuhl kippt. Wir versuchen ihr zu erklären, dass das, was sie da hat, kein Schwächeanfall ist, sondern gemeinhin unter dem Begriff »Verfressenheit« bekannt ist, und in ihrem Fall ist das auch noch chronisch ...

DER VIER-JAHRESZEITEN-TYP

Die *Quattro Stagioni* ist eine ganz besondere Pizza.

Weltweit hat sie einen festen Platz auf der Speisekarte, doch überall sieht sie anders aus. Einige belegen sie mit Pilzen, Oliven, gekochtem Schinken und Artischocken, andere nehmen statt der Oliven Salsiccia. Wir machen die *Quattro Stagioni* mit hartgekochtem Ei und Schinken – rohem, nicht gekochtem.

Mit der *Quattro Stagioni* verhält es sich ganz ähnlich wie mit einem Dialekt: Zwanzig Kilometer weiter weg oder hundert Höhenmeter weiter oben, und schon sprechen die Leute völlig anders. Es gibt eben keine einheitliche Norm, und deswegen ist die *Quattro Stagioni* die ideale Pizza für alle, die zwar nicht als unentschlossen gelten, es aber doch vorziehen, sich nicht festzulegen.

DER MARINARA-TYP

Der Belag der *Marinara* besteht, wenn es hochkommt, aus Tomaten, Petersilie, Sardellen und einem Meer an Knoblauch.

Die originale neapolitanische Version hingegen ist mit Tomaten, Knoblauch, Öl und Oregano belegt.

In beiden Fällen muss man, um eine *Marinara* zu bestellen, außer einem besonders ausgeprägten Geschmackssinn auch einen gewissen inneren Frieden erreicht haben und eine ausgeglichene Beziehung führen.

Sie ist der Beweis für die Auflösung des Karma.

Buddha zum Beispiel würde eine *Marinara* bestellen.

DER KRÄUTER-TYP

Der Wunsch nach Gewürzen und Kräutern auf einer Pizza, vor allem außerhalb der Saison, lässt auf eine städtische Herkunft schließen oder auf die verzweifelte Sehnsucht nach einem Leben auf dem Land.

Als mein Großvater gerade operiert worden war und mit dem Essen noch etwas vorsichtig sein musste, versuchte ich einmal, ihm eine Pizza mit Schnittlauch unterzujubeln statt seiner üblichen *Pizza Salsiccia* (mit viel Salsiccia: Seine bestand üblicherweise aus 200 Gramm Salsiccia, 300 Gramm Mozzarella und dem Hauch einer Tomatensauce auf einer winzigen Menge Teig).

Gekränkt ließ er die Pizza postwendend zurück in die Küche schicken, zusammen mit einer Botschaft, die mir der Kellner überbrachte: »Ihr Großvater lässt Ihnen ausrichten, Kräuter sind was für Hasen oder den Pizzabäcker selbst, wenn es unbedingt sein muss.«

DER GEMÜSE-TYP

Eine *Gemüsepizza* (auch bekannt unter dem Namen *Gartenpizza*) wird in der Regel von denen bestellt, die ständig Hunger haben, es aber nicht zeigen wollen. Eine *Gemüsepizza*, so die Überlegung, sättigt nicht nur, sondern untermauert nach außen hin das Bild eines gesundheitsbewussten Menschen, der auf seine Linie achtet.

In Wahrheit aber ist eine reichlich belegte Gemüsepizza ein kompletter Gemüsegarten auf einem Teller.

Natürlich ist sie, was die Kalorien betrifft, nicht zu vergleichen mit einer *Quattro Formaggi* mit Salsiccia und Bauchspeck, aber dennoch hat sie es in sich.

DER RADICCHIO-UND-BAUCHSPECK-TYP

Jemand, der eine Pizza mit Radicchio und Bauch-speck bestellt, kann nur aus der Emilia-Romagna stammen oder muss zumindest genetisch vorbelas-tet sein.

Allerdings stammt er nicht aus der Ecke der Emi-lia-Romagna, die sofort alle vor Augen haben: mit ihren Stränden, den Sonnenschirmen und allem, was dazugehört. Nein, er stammt aus jenem Teil der Emilia-Romagna mit den Ausläufern des Apennin, wohin man sich nur zufällig verirrt. Und dann nie wieder wegwill. Mich zum Beispiel hat das Schick-sal vor vierzig Jahren in diese Gegend verschlagen, direkt aus dem Bauch meiner Mutter, und noch heute stecke ich hier fest.

Die Puristen unter den Gästen bestellen diese Pizza gern mit dem richtigen Namen für Bauch-speck in Scheiben, nämlich »rigadèna«, wie es im Dialekt heißt.

DER PILZ-UND-WÜRSTCHEN-TYP

Die perfekte Pizza für alle, die, aus welchen Gründen auch immer, der wunderbaren Welt der Kindheit noch immer nicht entwachsen sind.

Bevor es in Mode kam, frische Produkte in der Gastronomie einzusetzen, durften in Italien, vor allem in den 8oer-Jahren, eingelegte Pilze in keiner Pizzeria fehlen.

Die Kinder wurden mit eingelegten Pilzen nur so überschüttet. (Und mit Wiener Würstchen, die auf Italienisch »Würstel« genannt werden. Jedes Kind, das diese Bezeichnung verdient, muss »Würstel« einfach mögen. Wer kann einem solchen exotischen Wort schon widerstehen?!)

Bestellt ein Gast eingelegte Pilze, weiß ich sofort, dass er in den 8oer-Jahren groß geworden ist.

Und dass er irgendwie in dieser Zeit stecken geblieben ist. Peter Pan zum Beispiel würde eine Pizza mit eingelegten Pilzen und Wiener Würstchen bestellen.

DER RANDVERWEIGERER

Jemand, der den Rand der Pizza liegen lässt, gehört in dieselbe Kategorie wie jene, die Weintraubenkerne ausspucken oder Schinken bestellen und dann das Fett abpulen.

Sie erinnern mich alle ein wenig an meinen Freund Toro Visani, der verrückt nach Cappelletti in Brühe ist und dann die Brühe stehen lässt.

Es ist einigermaßen nachvollziehbar, dass es Menschen gibt, denen nur der Belag der Pizza schmeckt; was ich jedoch nicht verstehe, ist, warum sie das nicht vorher sagen.

Der Rand, oder Sims, ist nicht so etwas wie eine Trockenmauer, ohne die eine Pizza nicht auskommen könnte.

Würde der Gast es mir vorher sagen, könnte ich den Rand ohne weiteres auf ein Minimum reduzieren und das Fundament aus Tomatensauce und Mozzarella etwas breiter machen.

Doch niemand sagt es vorher.

Inzwischen glaube ich verstanden zu haben, dass das ganze Vergnügen, den Rand übrig zu lassen, darin besteht, dass man ihn später mit der Serviette zudecken kann, wie Polizisten es am Tatort mit der Leiche tun. Damit haftet dem Ganzen so etwas Mysteriöses und Faszinierendes an, wie den Schauspielern aus »CSI«.

DER EIN-METER-PIZZA TYP

In den Jahren der so genannten Krise hat unsere Pizzeria einen Rettungsanker gefunden und zwar in Gestalt der *Ein-Meter-Pizza*, die wir uns in einer spontanen Laune ausgedacht haben.

Natürlich haben wir uns nicht die Meterpizza an sich ausgedacht, sondern den Teig.

Die *Ein-Meter-Pizza* ist dicker, hat einen höheren Hefeanteil und kostet weniger als die klassische Pizza.

Bei uns kann man die *Ein-Meter-Pizza* auch zum Mitnehmen bestellen. Einen Meter oder einen halben Meter.

Die Schachtel, in der die *Ein-Meter-Pizza* nach Hause getragen wird, ähnelt mehr oder weniger einem Sarg, es fehlen nur die Haken für die Grabkränze und der Blumenschmuck.

Wird in der Pizzeria eine *Ein-Meter-Pizza* bestellt, fördert dies oft tiefe Skepsis zutage.

Vor allem bei Nicht-Einheimischen, die auf der Durchreise sind.

Über die Frage, ob sie tatsächlich bestellt wird oder nicht, wird oft abgestimmt. Zeichnet sich nach dem dritten Durchgang noch immer keine Mehrheit ab, darf entweder der Jubilar der Runde – wenn es einen gibt – bestimmen oder derjenige, der zahlt. Aber auch dann sind noch nicht alle Zweifel beseitigt.

»Wie viel ist ein halber Meter?«, werde ich zum Beispiel gefragt.

Unsere Antwort lautet dann für gewöhnlich: »Na ja, hier in Casola sind es schon seit einigen Jahren fünfzig Zentimeter. Wie viele es in Imola sind, weiß ich nicht, vielleicht zweiundfünfzig…«

DER CALZONE-TYP

Wer eine *Calzone* bestellt (auch *Crescione* genannt, je nach Breitengrad), gehört in jene Kategorie von Menschen, die über folgende Gaben verfügen:

    a) gusseiserner Gaumen
    b) feuerfeste Zunge
    c) Engelsgeduld.

Die Temperatur, die in einer frisch gebackenen Calzone herrscht, ist vergleichbar mit der im Inneren eines Gestirns mittleren Ausmaßes. Im Zentrum des Hohlraumes vollziehen sich anhaltende Kernexplosionen, deren Existenz nur durch Dampfwolken nachweisbar ist, die durch einzelne Teigspalten nach außen dringen.

Ist der radioaktive Dampf vollständig entwichen, fällt die Calzone in sich zusammen und erscheint nur noch wie eine leblose Hülle.

Aber genau dann ist sie am gefährlichsten.

Aus unerfindlichen Gründen ist die luftleere Calzone, wenn sie schlaff und eingefallen auf dem Teller liegt, noch heißer als während des Backens.

In ihrem Innern blubbert die Tomatensauce wie Magma, und der Mozzarella glänzt wie geschmolzener Stahl.

Das Besteck nimmt vor Schreck Reißaus.

Eine *Calzone* braucht zwei bis drei Tage, bis sie sich auf eine normale, für Menschen erträgliche Temperatur heruntergekühlt hat.

Und dennoch gibt es Lebewesen, die es schaffen, sie schon früher zu essen.

Remo Rontini, Vater der »Spinne aus Storta«, ist zum Beispiel so jemand.

Remo ist der beste Mensch auf Erden. Wenn es jemals einen anständigen, ehrlichen, freundlichen und netten Menschen gab, dann ist er das; und obendrein legt er bei Tanzveranstaltungen eine unglaubliche Mazurka hin. Er dreht Pirouetten, bei denen seine Füße nur so über den Boden schweben.

Remo hat sein Leben lang auf den Carvajoni gearbeitet.

Die Carvajoni sind eine an das Fürstentum Brisighella angrenzende riesige Fläche Heidelandschaft, auf der an Flussufern Pfirsichbäume wachsen. Jahrelang nutzte Casola dieses Stück Land als eine Art Badeanstalt, denn dort, wo der Senio und einer seiner Nebenarme zusammenfließen, hatte sich ein natürlicher Badesee gebildet. Califfo, der bei der ANAS arbeitete und eine Menge Freizeit hatte, half dort als Bademeister aus. Irgendwann begann der See sich mit Erde zu füllen und wurde schließlich ein Sumpf. Das geschah in den Siebzigern, in etwa zur gleichen Zeit, als man dort mit Giuliano Gemma einen Film über das Leben des Partisanen Silvio Corbari drehte.

Die weibliche Hauptrolle war mit Tina Aumont besetzt, und die beschloss eines Tages, im verbliebenen Rest des Sees schwimmen zu gehen. Califfo hatte seinen Job als Bademeister längst aufgegeben, und Tina Aumont wäre um ein Haar ertrunken. Doch wer konnte sie gerade noch retten? Remo Rontini. Ihm hätten vor Aufregung die Hände gezittert, berichtet er, als er sie halbnackt aus dem Treibsand zog. (Wollt ihr eine schöne Geschichte von der – echten – Partisanentruppe um Corbari hören? Sie wurden alle gefangen genommen, zum Tode verurteilt und auf dem Marktplatz von Forlì öffentlich zur Schau gestellt. Einer aus der Truppe, Adriano Casadei, sollte gehängt werden, doch beim ersten Versuch machte der Henker bei der Schlinge einen Fehler, und das Seil riss. Adriano Casadei hob das zerrissene Stück Seil auf, schlang es sich selbst um den Hals und rief: »Sogar Eure Schlingen sind verdorben.« So etwas sollte man in der Schule unterrichten. Nicht leere Rhetorik, sondern die Praxis.)

Wie auch immer, durch harte Arbeit in den Carvajoni hatte Remo zwar nicht im Überfluss leben können, hat aber doch immerhin fünf Kinder durchgefüttert.

Als sein ältester Sohn verkündete, dass er soeben einen Unfall gebaut und das nagelneue Auto zu Schrott gefahren habe, antwortete Remo, er solle sich keine Sorgen machen, das Wichtigste sei doch, dass seiner Freundin und ihm nichts passiert sei. Und dass es Schlimmeres gebe.

»Ja, ich weiß, Papa, aber ich hatte solche Angst«, antwortete ihm sein Sohn. »Sie ist doch schwanger.«

Ohne auch nur eine Sekunde zu zögern, klatschte Remo erfreut in die Hände.

»Was für eine wunderbare Nachricht! Je mehr wir sind, desto besser. Wenn es doch nur öfter solche Neuigkeiten gäbe. Es gibt wirklich wichtigere Dinge!«

Er ließ sich nicht aus der Ruhe bringen.

Mauro, die »Spinne von Storta«, war damals noch klein, kann sich aber noch gut an die Situation erinnern.

Sein Vater hatte es tatsächlich geschafft, die Nachricht seines neunzehnjährigen Sohnes vom geschrotteten Golf und der Schwangerschaft seiner Freundin in ein Freudenfest zu verkehren.

Als die ganze Familie, angesteckt von ihm, zu

ihrer guten Laune zurückgefunden hatte, ging Remo zufrieden lächelnd in die Garage.

Mauro schlich ihm lautlos hinterher.

Als er die Garage betrat, sah er seinen Vater, die Ellbogen auf den Kaminsims gestützt, den Kopf in den Händen vergraben.

»Was für ein unsäglicher Trottel! Ausgerechnet das neue Auto!«, fluchte er vor sich hin. »Und dann auch noch schwanger! Mir bleibt aber auch wirklich nichts erspart, nichts!«

Ist euch schon mal ein besserer Mensch untergekommen?

Jemand so Besonderes?

Dank Remo Rontini weiß ich, dass alle meine Gäste, die eine *Calzone* bestellen, in Wahrheit Superhelden sind.

DER PIZZA-ZUM-MITNEHMEN-TYP

Gäste, die den Pizzalieferservice in Anspruch nehmen, sind die wahre Rettung für jemanden, der eine Pizzeria in einem kleinen Ort betreibt.

Abgesehen von Samstag und Sonntag – sowie einem weiteren Tag unter der Woche, der je nach Laune der Gäste variiert und über den sie sich offensichtlich vorher einigen, warum sonst kommen sie alle gleichzeitig und in Massen? –, ist in einer Pizzeria die Woche über nicht so viel los, dass man davon eine Familie ernähren könnte.

Richtig Geld verdient man mit den Pizzas zum Mitnehmen.

Mit den Jahren ist die Nachfrage beim Lieferservice exponentiell gestiegen, proportional zur Anzahl der Frauen, die entschieden haben, nicht länger zu Hause herumzusitzen und stattdessen arbeiten zu gehen. Bis abends um halb acht zu arbeiten wirkt sich nicht gerade positiv auf die Essgewohnheiten aus; eine Pizza zu bestellen kostet noch immer relativ wenig, zumindest in Casola, und wenn du die Pizza direkt aus der Schachtel isst, sparst du dir auch noch den Abwasch.

Was die Pizza zum Mitnehmen betrifft, teilt sich die Menschheit in zwei Kategorien.

Zur ersten Kategorie gehören diejenigen, die eine Minute vor der vereinbarten Zeit kommen und schon mit den Hufen scharren, weil sie in Eile sind.

Zur zweiten Kategorie gehören diejenigen, die zwanzig Minuten früher da sind und hoffen, dass der Pizzabäcker sich verspätet, damit sie in der Zwischenzeit noch einen Campari trinken können und nicht gleich wieder nach Hause zur Ehefrau müssen, um Bericht zu erstatten.

In beiden Fällen haben die Männer es faustdick hinter den Ohren.

Der einzige Unterschied: Die einen sind verheiratet, die anderen nicht.

Und dann gibt es noch jene, die in der Zukunft leben.

DIE IN DER ZUKUNFT LEBEN

Es gibt Personen, die in einer anderen zeitlichen Sphäre leben als der Rest der Menschheit.

Dazu gehören zum Beispiel die Leute, die um Viertel nach acht anrufen und eine Pizza bestellen. Sie hätten es relativ eilig, sagen sie. Allerdings merken sie immer erst in letzter Minute, dass sie es eilig haben. Bis kurz zuvor war die Welt noch in Ordnung, doch kaum macht jemand den Vorschlag, man könne doch eine Pizza zum Mitnehmen bestellen, muss alles ganz schnell gehen. Diese Leute rufen um Viertel nach acht an, tun so, als wären sie völlig außer Atem, und bestellen eine Pizza für acht Uhr.

»Aber bitte pünktlich, ja?«, betonen sie dann auch noch.

Vermutlich stellen sie sich vor, der Pizzaofen sei eine Art Zeitmaschine.

»Sobald ich auf einem Lichtstrahl davonreiten kann, mache ich sie Ihnen fertig«, müsste man eigentlich entgegnen.

Manchmal wäre statt eines kläglichen Berufsschulabgängers ein Einstein als Pizzabäcker nicht schlecht.

Das Besondere an diesem Schlag Mensch ist, dass sie zwar permanent unter Zeitdruck stehen und ihre Pizza pünktlich fertig sein soll, sie selbst aber grundsätzlich zu spät kommen, um sie abzuholen.

In ihrer Welt ticken die Uhren eben nach eigenen Regeln.

DER UNENTSCHLOSSENE ODER BESSER:
DIE UNENTSCHLOSSENE

Diese Kategorie besteht zu neunzig Prozent aus Frauen.

Männer wissen im Großen und Ganzen eigentlich immer, was sie bestellen wollen.

Sie bestellen Salsiccia.

Oder Pilze. Oder pikante Salami. Oder alles zusammen.

Männer wählen ihre Pizza nach dem Additionsprinzip, indem sie die Zutaten nacheinander bestellen.

Ob diese dann auch wirklich zusammenpassen – das ist wieder ein anderes Thema.

Ich habe schon Männer erlebt, die süße Salami mit Schinken bestellt haben.

Ist ja schließlich beides Aufschnitt.

Eigentlich müsste es bei den Vereinten Nationen einen eigenen Gerichtshof nur dafür geben, solche Vergehen zu ahnden.

Frauen hingegen wählen ihre Pizza nach dem Subtraktionsprinzip.

Sie entdecken eine Pizza auf der Speisekarte, zappeln vor Glück darüber auf ihrem Stuhl hin und her, und sobald der Kellner die Bestellung aufnehmen will, demontieren sie die Pizza, indem sie eine Zutat nach der anderen abziehen.

Wenn eine Frau eine *Vier Jahreszeiten* bestellt, dann passt ihr das Ei nicht. Es wird durch Oliven ersetzt.

Ein einziges Mal hat eine Frau – sie war nicht aus Casola, sondern von außerhalb – es geschafft, bei meinem Onkel eine *Pizza Radicchio und Bauchspeck* zu bestellen. Einfach so, gleich im ersten Anlauf. Eine Sensation! Weder davor noch danach ist es mir je untergekommen, dass eine Frau gleich beim ersten Mal wusste, was sie bestellen wollte.

»*Radicchio und Bauchspeck*«, notierte mein Onkel voller Bewunderung auf den Bestellbon.

»Ja, aber den Bauchspeck lassen Sie bitte weg«, sagte die Dame im Brustton der Überzeugung.

Ihr war nicht ansatzweise in den Sinn gekommen, einfach eine *Pizza mit Radicchio* zu bestellen.

Es ging schlicht darum, etwas wegzulassen.

Wirklich phänomenal unter den Unentschlossenen sind jedoch diejenigen, die die Speisekarte erst einmal von oben bis unten durchlesen, fast zu schielen beginnen bei dem vielen Hin- und Herspringen zwischen den einzelnen Pizzas und den dazugehörigen Preisen am gegenüberliegenden Sei-

tenrand und schließlich die Karte mit einem lau-
ten Knall zuklappen. Sich müde die geschlosse-
nen Augenlider reibend grummeln sie vor sich hin:
»Hier gibt's auch ständig nur dieselben Pizzas…«

Mich überkommt bei solchen Menschen immer
ein spontaner Impuls, wie ein Puma mit einem Satz
über den Tresen zu springen, sie beim Kragen zu
packen und ordentlich durchzuschütteln.

Klar gibt es immer dieselben Pizzas.

Wir sind schließlich nicht in der Modebranche.

Ein neues Gemüse wird nun mal nicht von einem
Tag auf den anderen entworfen.

Doch meistens ist es so, dass der Gast, an dem ich
mich gerade vergreifen will, sich im selben Augenblick eines Besseren besinnt.

Er geht noch einmal die gesamte Karte von oben
bis unten durch, denn, wer weiß, vielleicht lässt sich
ja doch noch was Neues finden, und bestellt dann
mit einem Lächeln, als habe er plötzlich wer weiß
was entdeckt, sodass du dich schon fragst, was nach
dieser intensiven Lektüre wohl kommen mag, eine
einfache Pizza mit Schinken.

DIE VIDEOKAMERA
DES PIZZABÄCKERS

Jeder Pizzabäcker weiß, dass er rund um die Uhr über eine versteckte Videokamera unter Beobachtung steht.

Nur so lassen sich bestimmte Phänomene erklären.

Kaum ist seine Schicht beendet und der Pizzabäcker will sich zum Essen an den Tisch setzen, betritt ein Gast die Pizzeria.

Selbst die Essenszeiten zu ändern bringt rein gar nichts.

Wenn man nicht isst, weil es noch zu früh ist und vielleicht schon die ersten Gäste kommen, sitzt man allein da.

Sobald man jedoch seine eigene Pizza aus dem Ofen holt, betreten die ersten Gäste das Lokal.

Wird es Zeit zu schließen, weil sowieso nichts mehr los ist, taucht genau in dem Moment, wenn gerade alles geputzt ist, ein keuchender Gast auf und bittet dich, doch noch ganz schnell eine Pizza für ihn zu machen. Der Pizzabäcker weiß genau, warum dieser Mensch vor ihm so außer Atem ist:

Bis vor kurzem saß er nämlich noch zu Hause vor seinem Mega-Bildschirm, auf dem er den Pizzabäcker über die versteckte Kamera bei der Arbeit beobachtet. Nur einen kurzen Moment war er abgelenkt, und als sein Blick zum Bildschirm zurückkehrte, sah er mit Schrecken den Pizzabäcker zusammenräumen. Außer Atem ist er, weil er von zu Hause zur Pizzeria gespurtet ist, nur um zu verhindern, dass der Pizzabäcker pünktlich aus dem Lokal kommt.

ANEKDOTEN
AUS DEM LEBEN EINES
PIZZABÄCKERS
(WENN ER DA IST)

DIE ERÖFFNUNG DER PIZZERIA
»IL FARRO«

Eine Woche vor der Eröffnung der Pizzeria hatte mein Onkel Antonio die Idee, zwei Probedurchläufe zu starten. Er lud meine Freunde ein und die Stammgäste der Bar einen Stock tiefer, die er bis zu jenem Zeitpunkt zehn Jahre geführt hatte.

Uns Jüngeren gebührte der erste der beiden Abende, und wir alle wiesen danach eindeutig Symptome einer Lebensmittelvergiftung auf.

Mein Onkel platzierte uns um einen Tisch, der so lang war wie der Saal selbst und auf dem er leckere Bruschette mit Tomaten angerichtet hatte.

Einen Kellner hatte er noch nicht eingestellt, und Leoncino Braga war der Einzige, auf dessen Hilfe er an jenem Abend zählen konnte. Leoncino war einer der ältesten Stammgäste der Bar, so alt, dass er irgendwie schon zum Inventar gehörte. Vermutlich hatte mein Onkel ihn, als er das Lokal übernahm, irgendwo zwischen der Kühlvitrine und den Coca-Buton-Flaschen vorgefunden.

Leoncino Braga war in Casola eine Berühmtheit.

Er ist letztes Jahr gestorben und für ein Dreitausendseelendorf wie Casola kam dieser Verlust einer Naturkatastrophe gleich, so als hätte ein Erdrutsch einen ganzen Berg weggerissen.

Kurzzeitig wurde tatsächlich erwogen, Leoncino Braga in der Pizzeria aufzubahren, gegenüber vom Tresen, so wie er es sich immer gewünscht hatte.

In dem Jahr, in dem die Pizzeria eröffnet wurde, besaß Leoncino einen grünen Fiat 127 und eine Schäferhündin mit Namen Kelly, von der er sich niemals trennte.

Selbst in der Bar saß auf dem Stuhl neben ihm immer seine Hündin Kelly.

Im Sommer saßen sie unter dem Pavillonzelt mit Blick auf die Landstraße, um zu beobachten, wer den ganzen Tag so vorbeifuhr: Leoncino halb weggenickt hinter seinen riesigen getönten Brillengläsern, Kelly mit einem Strohhut auf dem Kopf und einer Sonnenbrille auf der Schnauze.

1986 hatte er Kelly sogar als Kandidatin für das Amt des Bürgermeisters aufstellen lassen und war während des Wahlkampfs hupend und den Slogan »Wählt Kelly!« aus dem Auto schreiend durch Casola gebraust.

Am Ende bekam sie sechs oder sieben Stimmen. Vermutlich ist das in der Geschichte der freien

Wahlen der Italienischen Republik der absolute Rekord für einen Schäferhund.

In der Silvesternacht verkrochen Kelly und Leoncino sich immer im *Prugno*, einem Waldstück im Norden von Casola, wo sie im Auto schliefen, weil Kelly Angst vor den Feuerwerkskörpern hatte.

Leoncino hatte immer etwas zu tun.

Am Sonntag, wenn die Messe zu Ende war, oder während des Gewürzmarktes oder des Theaterfestivals »Casola è una favola«, wenn die Touristen herbeiströmten, stellte er sich, das Glas Prosecco noch in der Hand, vor die Bar und regelte den Verkehr.

Als mein Onkel mit dem Plan herausrückte, eine Pizzeria zu eröffnen, bot er sich sofort als Küchenhilfe an, wobei er seine bei Sterneköchen erworbenen Kenntnisse ins Feld führte. Zum Erstaunen aller, denn er hatte sein Leben lang als Fahrer eines Schwerlasters gearbeitet, mit dem er Gips zum Hafen von Ravenna transportierte.

Die Bruschette trieften nur so vor Öl.

Für zwanzig Bruschette musste er mindestens zwei Flaschen Öl aufgebraucht haben.

Außerdem war das Weißbrot derart mit Knoblauchzehen eingerieben, dass der erste Vampir, der es auch nur gewagt hätte, sich am Fenster zu zeigen, auf der Stelle zu einem Häufchen Asche zerfallen wäre.

Aber sie schmeckten ausgezeichnet.

Während der restlichen zwei Stunden saßen wir dann auf dem Trockenen.

Mein Onkel hatte den Kurs zum Pizzabäcker gerade erst abgeschlossen und noch nie so viele Pizzas auf einmal zubereitet. Hinzu kam, dass der Ofen nicht mehr als sieben Pizzas gleichzeitig fasste.

Erst viel später, als ich selbst in der Pizzeria arbeitete und mich so langsam mit dem Beruf angefreundet hatte, entdeckten wir, dass in den Ofen eigentlich zehn Pizzas passten, mein Onkel es aber nicht fertiggebracht hatte, sie richtig anzuordnen.

Während Antonio in einer riesigen Mehlwolke gegen den Teig ankämpfte, beschlossen wir, es uns mit etwas Alkohol gemütlich zu machen.

Es war ein Donnerstagabend, und am nächsten Morgen war Schule.

Wir waren sechzehn, und die Tatsache, dass wir unter der Woche ausgehen durften, war uns zu Kopf gestiegen.

Wir hatten ein paar Bier bestellt, aber auf Anraten von Leoncino standen schließlich sechs Zwei-Liter-Flaschen Albana auf dem Tisch, direkt aus dem Weingarten, den mein Großvater von Signorina Cortesi gepachtet hatte.

Diese Rebstöcke waren das Pfenniggrab seiner monatlichen Rente.

Jeden Heller, den er damit verdiente, steckte er wieder hinein, und trotzdem war es immer noch zu wenig.

Dennoch gab es niemanden, der so stolz auf seinen Wein war wie mein Großvater.

Sein Albana hatte die Farbe geschmolzenen Goldes.

Das war aber auch schon das einzig Positive, was man über diesen Wein sagen konnte.

Als uns zwei Stunden später das Essen serviert wurde und die Letzten zu essen begannen, während die Ersten ihre Pizza schon bis auf den letzten Krümel verputzt hatten, waren die sechs Flaschen bereits geleert, und Leoncino trug beflissen drei weitere herbei.

Fast hatte es den Anschein, als wollte er uns absichtlich betrunken machen.

Und da wir noch immer nicht genug hatten und es keinen Nachtisch gab, weil Sammontana nicht rechtzeitig geliefert hatte, genehmigten wir uns auch noch einen Verdauungsschnaps.

Freudig brachte Leoncino uns mindestens zwei Flaschen Grappa und Sambuca in Mengen, mit denen man ganze Feldflaschen hätte füllen können.

Um eins in der Nacht gingen wir nach Hause, denn um sechs Uhr vierzig würde bereits der Schulbus warten, der uns nach Faenza oder Imola bringen sollte.

Ich hatte eine Pizza mit Rucola bestellt und träumte die ganze Nacht von Kelly; ihr Fell war neonfarben, und sie beschwor mich in einer Tour, ich solle sie wählen. Als ich am Morgen aufwachte, wunderte ich mich nicht weiter über den Traum. Auch darüber nicht, dass meine Wangen, als ich beim Zähneputzen in den Spiegel sah, erbsengrün waren.

Mein Onkel hatte den Rucola nicht gekauft, sondern einfach den gepflückt, der in Casola wild am Wegesrand wuchs.

Wie sich allerdings herausstellte, handelte es sich dabei um eine giftige Sorte, von der schon vier kleine Blättchen genügten, um bei jedem Drogentest positiv getestet zu werden. Das Gift gelangte nicht nur direkt in den Blutkreislauf, sondern veränderte auch den genetischen Code.

Doch als ich an jenem Morgen in das meergrüne Gesicht von Caraibi di Bomba auf dem Sitz mir gegenüber starrte, der eine Pizza mit Spargel gegessen hatte, fing ich an, mir ernsthaft Fragen zu stellen.

An den ersten Haltestellen von Storta stiegen Il Buitre Berna und Donatini zu.

Il Buitre hatte eine Pizza mit Pilzen gegessen. Der Grünton seiner Haut war etwas dunkler.

Was Donatini gegessen hatte, wusste ich nicht mehr, aber sein Gesicht war übersät von Punkten, und ich verbrachte den Rest der Fahrt mit dem Versuch, daraus abzuleiten, mit was seine Pizza belegt gewesen sein mochte.

Als ich in Riolo Terme den Bus verließ, um den Anschluss nach Imola zu nehmen, fiel mir plötzlich auf, dass der Rest unserer Freunde fehlte. Es stellte sich heraus, dass sie sich noch nicht einmal die Mühe gemacht hatten aufzustehen. Rigo war sogar in die Notaufnahme eingeliefert worden.

Als sich herumsprach, dass um ein Haar eine ganze Generation ausgelöscht worden wäre, nachdem sie die Pizza meines Onkels verkostet hatte, erfanden die Gäste, die an dem Abend zum Probeessen geladen waren, die wildesten Ausreden, um nicht kommen zu müssen.

An jenem Tag starb eine ganze Reihe entfernter Verwandter, und zahlreiche Ehefrauen und Kinder wurden überraschend von Unwohlsein heimgesucht.

Onkel Antonio war völlig aus dem Häuschen.

Ein solches Desaster kurz vor der Eröffnung war kein gutes Aushängeschild.

Seine Verzweiflung hielt an bis zu dem Moment, als er in die Bar kam und Leoncino feixend an einem der Tische sitzen sah.

Kelly hockte wie immer an seiner Seite. Auch sie hatte unter ihrem Strohhut ein Grinsen aufgesetzt, und wedelte mit dem Schwanz.

»Neun Flaschen von dem Albana«, triumphierte Leoncino. »Und alle geleert.«

»Aber sie kamen mir gar nicht so betrunken vor«, versuchte mein Onkel zu relativeren.

Die Verzweiflung war ihm ins Gesicht geschrieben. Er stand kurz vor der Erfüllung seines unternehmerischen Traums, aus dem Nichts eine Pizzeria auf die Beine zu stellen, und plötzlich sah er sich mit einer Art Genozid konfrontiert.

»Wieso betrunken?«, sagte Leoncino. »Der Albana hat noch ganz andere Sachen drauf; habt Ihr davon noch nie gehört?«

Wie alle seiner Generation benutzte er als höfliche Anrede noch immer das »Ihr« statt des »Sie«.

Er schien äußerst amüsiert.

Zusammen stiegen sie nach oben in die Pizzeria, und Leoncino gab meinem Onkel ein Glas zum Probieren.

Zwei Schluck, wenn's hochkommt, doch die reichten aus.

Schon nach dem ersten Schluck verzog mein Onkel das Gesicht.

Ich war zu der Zeit in der Schule.

Nachdem ich weiterhin auf den Gängen von

einer neonleuchtenden Kelly verfolgt worden war, bat ich während der vierten Stunde darum, zur Toilette gehen zu dürfen, und brach über dem Waschbecken zusammen.

Ein Nachhilfelehrer fand mich und brachte mich ins Sekretariat, von wo aus man meine Mutter verständigte.

Sie erzählte mir die ganze Geschichte, während sie mich im Fiat 126 nach Hause brachte.

Ich war von dem Albana und dem wilden Rucola dermaßen vergiftet, dass ich mir vorkam wie in einer Raumkapsel. Vor dem Fenster fegte die Landschaft vorbei wie die Sterne in Science-Fiction-Filmen, wenn die Astronauten in Lichtgeschwindigkeit durchs All sausen.

Heute würde ich nie wieder den Fehler begehen, sechs oder sieben Gläser Albana zu trinken, vor allem dann nicht, wenn er aus Eigenproduktion stammt.

Es kursiert noch immer dieser Mythos um den selbst gemachten Wein als etwas besonders Gutes, eine verloren gegangene Tradition. Doch in Wahrheit war der selbst gemachte Wein von Leuten wie meinem Großvater damals nichts anderes als eine tödliche Falle.

Der Albana von der Farbe geschmolzenen Goldes diente, mit etwas Öl verdünnt, perfekt als Gemisch für das Moped.

Praktisch alles kam in die Weinpresse hinein, auch die Blätter. Und der Zucker tat ein Übriges. Beim Entkorken der Flasche entwichen konzentrierte, farbige Dämpfe, wie Geister, die zu lange eingeschlossen waren und nur darauf warteten, sich dafür an den Menschen zu rächen.

Eine Woche später eröffnete Onkel Antonio seine Pizzeria »Il Farro«.

Und alles lief glatt.

Auch während der darauffolgenden Jahre lief alles mehr oder weniger glatt.

Nicht zuletzt auch deswegen, weil der goldfarbene Albana von Großvater Gianì seither von der Speisekarte verbannt ist.

WAS EIN PIZZABÄCKER ALLES
ERLEBT – WENN ER DA IST

Viele meiner Erinnerungen sind mit der Pizzeria verknüpft.

Am 11. September 2001 war ich gerade zum Putzen dort, als die beiden Flugzeuge die Zwillingstürme von New York zum Einsturz brachten und Tausende von Menschen ums Leben kamen. Ich brachte gerade die Kühlvitrine auf Hochglanz.

Viele Male war ich in den USA gewesen.

Es gibt Leute, die ihr Geld in Immobilien, Autos oder irgendwelchen Staatsanleihen anlegen. Ich hingegen investierte meine Ersparnisse in die USA.

Ich reiste immer im November, wenn die Pizzeria Betriebsferien machte; Motels und Mietwagen kosteten um diese Zeit für vier Wochen weniger als zehn Tage Riccione im August.

New York ist für mich eine ganz besondere Stadt.

Nicht unbedingt, weil das Leben dort so völlig anders ist als in Casola, mit den Millionen Veranstaltungen und unbekannten Ecken, sondern einfach, weil es für mich die Stadt von Spiderman ist, die Stadt, vor deren Skyline er von einem Spinnennetz zum anderen springt.

Als ich das erste Mal in New York war, starrte ich eine halbe Stunde lang in die Luft; ich weiß, das klingt völlig bescheuert, aber ich hoffte darauf, ihn irgendwo hoch über mir durch die riesigen Häuserschluchten zischen zu sehen; ein fliegender rotblauer Fleck, damit beschäftigt, die Welt zu retten.

Zusehen zu müssen, wie die Wolkenkratzer, in denen ich so oft gewesen war, in sich zusammenstürzten, während ich die Kühlvitrine reinigte, löste in mir ein ähnliches Gefühl aus, wie wenn ich die Fotos von meinem zerstörten, in Trümmern liegenden Heimatdorf betrachte, das während des Zweiten Weltkrieges unter Beschuss lag.

Mir kam es so vor, als läge mein geliebtes Casola vor mir in Schutt und Asche.

Ich war aber auch in der Pizzeria, als Fabio Grosso im Finale der WM 2006 den letzten Elfmeter in die rechte obere Ecke schoss. Ich schrie so laut und lange, dass mein Blutdruck absackte und ich über einem unserer Tische ohnmächtig zusammenklappte.

Ich war ebenfalls in der Pizzeria, als wir 2000 einen über Jahrzehnte andauernden Bann brachen und im Elfmeterschießen das EM-Halbfinale gegen den Gastgeber Holland gewannen. Dieses Mal fiel ich nicht in Ohnmacht. Ich riss mich zusammen.

Als Toldo den letzten Elfmeter der Holländer hielt – bereits den dritten, den er in diesem Spiel hielt –, rannte ich auf den Balkon der Pizzeria und zeigte der Welt den gestreckten Mittelfinger, wobei ich so fest in meine rechte Armbeuge hieb, dass einige Blutgefäße platzten.

Einen Monat später war der Arm noch immer blau angelaufen. Ich sah aus wie ein Fixer im Endstadium.

Ich lud gerade Brennholz ab, als jemand von einem Fernsehsender anrief und ich zum ersten Mal zu einer Talkshow eingeladen wurde.

Die Stimme am anderen Ende nannte mich »Dottore Cavina«.

Etwas unbehaglich blickte ich mich um, hielt Ausschau nach diesem vermeintlichen »Dottore Cavina«, denn ich hatte ja gerade mal eine technische Fachoberschule abgeschlossen, nie eine Universität von innen gesehen, und vor mir lagen zehn Doppelzentner Brennholz, was eine gigantische Menge ist. Ein Anblick, den ein Akademiker niemals auch nur ansatzweise zu Gesicht bekommen würde.

Und ich war gerade bei der Vorbereitung des Zutatenboards, als meine Verleger Claudia und Marco mir mitteilten, unser Buch habe es auf die Liste der zwölf Finalisten des *Premio Strega* geschafft.

Ich erinnere mich noch, wie ich einfach nur auf den Alubehälter starrte, den ich gerade in Händen hielt. Es war Spargel darin.

Ich sah mein Spiegelbild im Gemüsewasser.

»Und jetzt?«, war alles, was mir durch den Kopf ging. »Meine Wochenenden werden mit Terminen vollgestopft sein, und Onkel Antonio wird toben wie eine Hyäne.«

Er tobte nicht wie eine Hyäne.

Er machte ein langes Gesicht bis zum Boden. Fünf Tage lang. Aber wie eine Hyäne tobte er nicht.

Für Veranstaltungen im Rahmen des Vorentscheids für den *Premio Strega* – eine in Rom, eine in Benevento – musste ich mir sogar zwei Samstage freinehmen, was bis dahin noch nie vorgekommen war, denn, so galt die Abmachung zwischen meinem Onkel und mir, ich konnte zwar alle Pflichttermine wahrnehmen, aber die Wochenenden gehörten ihm. Samstags und sonntags war in der Pizzeria die Hölle los, und ein einzelner Pizzabäcker kam mit der Arbeit nicht hinterher (schon gar nicht, wenn es sich bei dem einzelnen Pizzabäcker um meinen Onkel handelte, der zwar sein Handwerk verstand, aber lahm war wie eine gesungene katholische Messe).

Nachdem ich jahrelang immer samstags und sonntags gearbeitet hatte, war es ein wunderbares Gefühl, auf einmal ein freies Wochenende vor mir zu wissen. Es fühlte sich ungefähr so an wie am allerletzten Schultag, wenn du die Pausenglocke ein allerletztes Mal läuten hörst.

Als Pizzabäcker hörst du dann nie wieder einen Pausengong, und sollte es doch einmal vorkommen, ist es Dienstag, und niemand will mit dir ausgehen.

Die Tatsache, dass die Nominierung der zwölf Finalisten in Benevento wider Erwarten auf ein Wochenende fiel, auf einen – für mich – besonderen Tag wie etwa die Hochzeit eines Freundes, öffnete mir regelrecht die Augen.

In einem Bus wurden wir zum Theater gebracht, und ich sah, wie die Menschen sich herausgeputzt hatten, selbst meine Verleger, die damals weder Auto noch Handy besaßen.

Mir war, als wärc ich zufällig in eine Festgesellschaft geraten, eine Firmung oder Ähnliches.

Ich selbst trug ein T-Shirt mit dem Aufdruck *Sex Pistols*.

Der hochverehrte Professor Tullio De Mauro, Vorstand der Stiftung Bellonci, musterte es mit skeptischem Blick.

Zum Glück hatte ich die einzige Jacke, die ich besaß, zu Hause gelassen. Eine Jeansjacke. Mit einem Aufnäher von *Guns N'Roses* auf dem Rücken und einem von *Motörhead* auf dem Ärmel.

Alles war sehr unterhaltsam.

Eine Woche später erlebte ich meinen zweiten festlichen Samstag in Folge, dieses Mal im Auditorium in Rom.

An diesem Samstag ließ ich das T-Shirt mit den *Sex Pistols* zu Hause, da es bei Professor Tullio De Mauro eher auf Missfallen gestoßen war. Wir haben eben unterschiedliche Geschmäcker.

Für dieses Mal hatte ich eines mit dem Aufdruck *Pearl Jam* ausgewählt.

Bis zu dem Treffen mit den Schulklassen im Auditorium hatte ich Prof. De Mauro an diesem Tag noch nicht gesehen.

Die Veranstaltung selbst wurde von Serena Dandini moderiert, die das Publikum trotz einiger Probleme mit den Mikrofonen souverän durch den Abend führte.

Sie bat die zwölf Finalisten einzeln für ein dreiminütiges Interview auf die Bühne, bevor sie die Stimmverteilung und den Preisträger in der Kategorie »Schulklassen« bekanntgab.

Ich wurde als Letzter aufgerufen.

Langsam ging ich nach vorn, und als ich die Bühne betrat, sah ich, wie Serena Dandini sich zu mir beugte und das Mikrofon mit der Hand bedeckte.

»Da stimmt irgendwas mit dem Kontakt nicht«, raunte sie mir zu.

Ich sah erst sie an und dann das Mikrofon, das nicht funktionierte. »Ich bin nicht der Tontechniker«, sagte ich. »Ich bin Cavina.«

Sie blickte auf die erste Reihe, wo die wichtigen Herrschaften saßen.

Unter ihnen auch der geschätzte Professor Tullio De Mauro.

»Ist das Cavina?«, fragte Dandini in seine Richtung.

Der geschätzte De Mauro sah erst mein *Pearl-Jam*-T-Shirt an, dann Serena Dandini. Schließlich zuckte er resigniert mit den Schultern und nickte.

»Ja, das ist er«, seufzte er.

Ich schaute Serena Dandini an und sagte das Einzige, das mir in diesem Augenblick passend schien.

»Allerdings habe ich eine Ausbildung zum Elektrotechniker gemacht. Wahrscheinlich hat's da nur eine Sicherung zerfetzt. Wenn ihr eine dahabt, wechsele ich sie dir aus.«

Prof. De Mauro starrte kopfschüttelnd auf mein T-Shirt.

Offensichtlich hat ihm auch dieses nicht gefallen.

EIN PIZZABÄCKER
GEGEN SANDOKAN

In meinem Leben abseits des Pizzaofens passieren Dinge, die ich in der Pizzeria niemals erzählen könnte, weil keiner mir glauben würde.

Vor Jahren zum Beispiel wurde mir in Vigevano ein Preis verliehen. Am selben Abend erhielt auch der Schauspieler Paolo Villaggio, bekannt durch seine TV-Rolle als Fantozzi, eine Auszeichnung, und nachdem er mich hatte sprechen hören, äußerte er sich, als er dann selbst auf der Bühne stand, überaus anerkennend über mich.

Das war ein tolles Gefühl. Aber ein Teil von mir dachte sofort: Das nimmt mir in der »Bar di Sopra« doch keiner ab, dass Fantozzi sich öffentlich lobend über mich geäußert hat.

Aus diesem Grunde behalte ich viele Erlebnisse für mich.

Einmal etwa hätte ich Sandokan fast umgebracht.

Ich arbeitete damals an einem Projekt für einen Freund in einem Luxushotel in Mailand.

Er war Schauspieler, und wir redigierten gemeinsam das Drehbuch für den Film, der sein Debüt als Regisseur werden sollte.

In diesem Luxushotel hielten wir uns nur deshalb auf, weil dort am Abend die Premierenfeier eines Films stattfand, in dem er mitgespielt hatte.

Nach einer Weile schlug er vor, eine kurze Pause zu machen und nach unten ins Foyer zu gehen, wo die Produktionsfirma für die VIPs einen Empfang organisiert hatte.

»Pizzabäcker zählen aber nicht wirklich zu den VIPs«, wandte ich ein.

Eine leise Stimme in mir zog kurz in Erwägung, ich könne mich doch als Dottore Cavina ausgeben, doch ich wusste nur allzu gut, dass ich damit alles andere als glaubwürdig wäre.

Ich wäre gern mitgegangen, aber in gewisser kultivierter Gesellschaft kommt aus unerfindlichen Gründen immer meine schlimmste Seite zum Vorschein.

Das heißt, eigentlich bin ich auch ziemlich gut darin, in den kleinen Dingen des Alltags meine schlechtesten Seiten herauszukehren, doch es gibt bestimmte Situationen, in denen ich hundertprozentig davon ausgehen kann, dass ich meine dunkle Seite auf unvergessliche Art ausspiele.

»Jetzt komm schon«, drängte mein Freund. Er

verstand es als nette Geste seinerseits, mich unter die Gäste zu schmuggeln. Aber ich wollte nicht.

Dann fiel das entscheidende Wort.

»Stell dich nicht so an, es gibt auch ein Buffet ...«

Ich weiß nicht, wie es euch geht, aber für mich hat das Wort »Buffet« eine unwiderstehliche Anziehungskraft.

Es löst in mir auf der Stelle einen unstillbaren Hunger aus.

Angesichts der jahrhundertelangen Not meiner Vorfahren empfinde ich es quasi als Pflicht, in mich reinzuhauen, was nur geht; auch stellvertretend für sie kann ich nicht anders, als zu essen und zu trinken.

Bei dem Wort »Buffet« beginnt die gesamte Sippe der Cavina angesichts jahrhundertelanger Entbehrung zu rumoren und aufzubegehren.

Der Krach ist nicht zu überhören und kommt in etwa von dort, wo sich mein Bauch befindet.

»Na gut«, willigte ich ein.

Der Empfang fand in der Hotelbar statt, einem weitläufigen Raum von der Größe eines Heuschobers, voll mit Marmor und Gold; eine elegante Freitreppe führte direkt hinter den Tresen der Bar.

Das Buffet war vom Feinsten.

Man hätte eine ganze Armee satt bekommen mit dem, was da zum Aperitif auf der Theke aufgebaut war; nicht wie sonst nur die üblichen Chips und Erdnüsse.

Zu trinken gab es Champagner.

Champagner, keinen Schaumwein.

Die hungrigen Cavinas stimmten vor Glück und Verzückung in meinem Magen Freudenchöre an.

Es gab sogar eine, dem Aussehen nach echte, Silberschale randvoll mit Oliven all'ascolana. Richtige, selbst gemachte, keine fertigen aus dem Supermarkt. Und die Schale wurde nicht einmal von Gästen belagert.

Unglaublich.

Das Tolle an Filmstars ist, dass sie viel zu sehr damit beschäftigt sind, berühmt zu sein, als dass sie sich dazu herablassen würden, vor einem Buffet zu drängeln.

Würde man so ein Buffet in der »Bar di Sopra« aufbauen, wäre nach zehn Sekunden nur noch der Tresen selbst übrig; und auch an dem wären Bissspuren zu erkennen.

Ich, der ich niemals berühmt sein werde und kein Problem damit habe, mich zu etwas herabzulassen, denn tiefer, als ich schon bin, geht es sowieso nicht mehr, pflanzte mich auf einen Barhocker direkt an den Tresen und begann zu essen.

Mein Champagnerglas wurde ständig nachgefüllt.

Meine Vorfahren hatten in ihrem ganzen Leben keinen Champagner gekostet, und ich fühlte mich in der Pflicht, für sie mitzutrinken.

Man kann sich nicht vorstellen, wie viele Gläser Champagner nötig sind, um den Durst von fünf Generationen Cavinas zu stillen.

Ich genoss also in vollen Zügen, als ich auf einmal Sandokan die Freitreppe hinter der Bar herunterkommen sah.

Ich wusste, dass er mit echtem Namen Kabir Bedi hieß und ein Schauspieler indischer Abstammung war, der in einem Teil des Films »Sandokan« den Titelhelden verkörperte. Die Rolle verdankte er seinem Erfolg in der Reality-Show »Das Dschungelcamp« und bescherte ihm nach jahrelanger Abstinenz ein Comeback auf der Kinoleinwand. Das alles wusste ich.

Er war ein schöner Mann.

Großgewachsen wie ein Basketballspieler und mit dieser für Inder so typischen bronzefarbenen Haut. Er trug eine Pashmina aus Gold, die mehr wert war, als die Cavinas in meinem Magen während ihrer gesamten Existenz je verdient hatten.

Mein x-tes Champagnerglas blieb auf dem Weg zu meinem Mund in der Luft stehen.

Mein Gott, dachte ich. Da kommt Sandokan.

Ich konnte nichts dagegen tun, für mich *war*

Kabir Bedi einfach Sandokan. Für einen Jungen vom Land, der in den 8oer-Jahren groß geworden war, war das einfach so.

Als Kind war ich davon überzeugt gewesen, dass der Fernseher allein zu dem Zweck entwickelt worden sei, die Abenteuer von Sandokan zu zeigen.

Sandokan war realer als jede Meldung in den Nachrichten.

Bei »Sandokan« sah man das wahre Leben, das aus Abenteuern bestand. Und dann gab es da noch diese Scheinwelt der Nachrichtensendungen, die nichts mit den Gefühlen und den Träumen der Menschen zu tun hatte.

Sandokan kam also die Treppe herab. Und ich starrte ihn wie hypnotisiert an.

Dann setzte er sich auch noch ausgerechnet neben mich und die Oliven all'ascolana, wo es doch in dem riesigen, heuschoberartigen Saal überall Platz gegeben hätte.

Bleib ganz ruhig, sagte ich mir. Gib dich einfach nicht zu erkennen.

Ich spürte seine Anwesenheit in meinem Rücken. Roch sein Parfum.

Es war von betörendem Duft.

Ich klammerte mich an mein Champagnerglas.

Ruhig bleiben, redete ich auf mich ein.

Und es funktionierte.

Zwanzig Minuten schwieg ich, während ich versuchte, den Blick seiner Augen aus meinem Kopf zu verjagen, als er in einer Folge einen Tiger im Sprung mit dem Säbel tötete.

Er war so viele Jahre mein Held gewesen.

Ich hatte seine Bewegungen im Innenhof des Gemeindebaus, in dem wir wohnten, minutiös einstudiert, mich an Fasching als Sandokan verkleidet und mir fast erfolgreich eingeredet, dass Monia, die Enkelin von Ginetta, die im Haus gegenüber wohnte, die Perle von Labuan war, selbst wenn ich nur allzu gut wusste, dass sie in Faenza wohnte und nur am Wochenende nach Casola kam, um ihre Großmutter zu besuchen.

Sandokan saß noch immer da, hinter diesem ... Pizzabäcker.

Genau zwanzig Minuten lang widerstand ich.

Dann machte sich der Romagnolo in mir, vermutlich angeregt durch die vielen Champagnerbläschen, mit kindlicher Freude urplötzlich Luft.

Mit einem Ruck drehte ich mich um.

»Boh, leck – Sandokan!«, rief ich voller Euphorie und gab ihm einen freundschaftlichen Klaps auf den Rücken.

Er hatte gerade eine Olive all'ascolana im Mund.

Die ihm nun plötzlich im Hals stecken blieb.

Ich musste ihm mindestens fünf weitere Male auf

den Rücken hauen und so tun, als sei nichts weiter dabei, sonst wäre er mir noch erstickt.

Doch letztendlich konnte ich ihn retten.

Unbemerkt schlich ich, zusammen mit den fünf Generationen ausgehungerter Cavinas, von dannen und irrte, mein ungerechtes Schicksal beklagend, zwischen den Tischen umher, noch immer mein wunderschönes Champagnerglas in der Hand.

Niemand in der Pizzeria würde mir glauben, wenn ich erzählte, dass ich um ein Haar Sandokan auf dem Gewissen gehabt hätte.

DER PIZZABÄCKER UND
DIE NOBELPREISTRÄGERIN

Ein anderes Mal trug es sich zu, dass ich in Segovia, in Spanien, mit Doris Lessing ins Gespräch kam.

Durch Zufall fiel diese Veranstaltung auf einen Dienstag, den einzigen Ruhetag der Pizzeria, und mir kam es vor wie Sonntag.

Klein und zierlich stand Doris Lessing vor mir, die gewellten grauen Haare am Hinterkopf zusammengesteckt, und hörte mir zu, während ich von meinem Heimatdorf erzählte.

Ich kam mir reichlich dumm vor.

Da steht die Frau vor dir, von der du alles gelesen hast, die du alles Mögliche fragen könntest, zum Beispiel wie sie es angeht, wenn sie vor einer leeren Seite sitzt – und stattdessen ist das Erste, was dir einfällt, von deinem kleinen, unbekannten Heimatdorf zu plaudern.

Und davon, wie man eine Pizza zubereitet. Was sonst?

Und dafür ließ ich mir auch noch ein mehr als

üppiges Buffet durch die Lappen gehen, zu dem der Bürgermeister von Segovia die Gäste des Festivals eingeladen hatte.

Meine bereits erwähnten Vorfahren hatten nichts als lautstarke Schreie der Empörung für mich übrig.

Im Übrigen waren sie alle Analphabeten gewesen, woher sollten sie also wissen, wer Doris Lessing war?

Ich sollte allerdings noch erwähnen, dass ich mich bereits eine Dreiviertelstunde vor Beginn des Galadiners eingefunden hatte, denn ich kenne die echten Schriftsteller. Wenn es ums Buffet geht, unterscheiden sie sich kaum von den Pizzabäckern; wenn du nicht aufpasst, essen sie dir im Handumdrehen alles vor der Nase weg.

Aus diesem Grund hatte ich mich mit reichlich Vorlauf in dem wunderschönen mittelalterlichen Stadtpalast eingefunden, in dem die Gemeindeverwaltung untergebracht war. Ich hatte ausreichend Zeit, den Kellnern zuzusehen, wie sie ihre Livree zurechtzupften und lange Tafeln mit den köstlichsten Göttergaben festlich herrichteten.

Es gab mindestens sechs verschiedene Arten von Paella, serviert in Schalen so lang wie Kähne.

Es gab Wein, natürlich auch Champagner, und es gab – ungelogen – einen ganzen Tisch voll mit Ein-Liter-Coca-Cola Flaschen. Aus Glas.

Und Coca-Cola in Ein-Liter-Glasflaschen ist das einzige Getränk, das es mit Wasser aufnehmen kann.

Da standen also all diese Gaumenfreuden, und ich ganz vorn, gleich in der ersten Reihe.

Ich hatte bereits jedes der Gerichte aufs Genaueste studiert, um möglichst viel auf einen einzigen Teller laden zu können. Mindestens vier oder fünf Lagen hätte ich hingekriegt. Mit der andalusischen Paella als Krönung obendrauf.

Es fehlten nur noch fünf Minuten.

Plötzlich tippte eine Hand auf meine Schulter.

»Cristiano«, sagte der Besitzer dieser Hand. »Komm mal, ich möchte dir jemanden vorstellen.«

»Das Buffet wird gleich eröffnet«, erwiderte ich, ohne mich auch nur umzudrehen.

»Komm«, wiederholte die Stimme.

Ich rührte mich nicht von der Stelle. Erst beim fünften »Jetzt komm!« verließ ich meinen Platz. Und wurde an der Kapuze meines Sweatshirts davongeschleift.

Ich wurde durch die Menge der ausgehungerten Schriftsteller bugsiert, die eben noch hinter mir in der Schlange gestanden hatten und nun, ohne zu zögern, aufrückten.

Meine Vorfahren rauften sich die Haare. Ich hörte sie in meinem Magen revoltieren.

Und so kam es, dass ich mich plötzlich einer grauhaarigen Dame gegenüber fand.

»Cristiano, darf ich dir Doris Lessing vorstellen?«, sagte jemand.

Was hätte ich da sagen sollen?

Mein Leben lang hatte ich Pizza gebacken. Auf eine solche Situation war ich nicht vorbereitet.

Zu meinem Glück trug Doris Lessing ein Halstuch, das dem Lieblingstuch meiner Großmutter zum Verwechseln ähnlich sah.

So musste ich nicht lange überlegen, was ich sagen könnte.

Es kam mir ganz spontan über die Lippen, von Herzen.

Ich sagte ihr, sie habe das gleiche Halstuch wie meine Großmutter.

»You have the same …«, sagte ich.

Sie haben dasselbe … dann stutzte ich. Was hieß noch mal Halstuch auf Englisch? Mit gerade mal zwei Wochenstunden Englisch war in der Berufsschule schließlich nicht wirklich Zeit gewesen, uns beizubringen, was man wie sagt.

Doch dann fiel mir ein ähnlicher Begriff ein.

»You have the same … flag of my grandmother.«

Sie lächelte. Ich weniger. Ich hatte soeben zu Doris Lessing gesagt, sie trage dieselbe Flagge wie meine Großmutter.

Sie machte den Fehler, mir zu antworten.

Hätte sie nicht geantwortet, wäre noch Zeit genug gewesen, sich etwas vom Buffet zu holen, bevor die echten Schriftsteller es komplett geplündert hatten.

Doch sie antwortete.

Und sagte etwas, bei dem ich unmöglich still bleiben konnte.

»Do you love your grandmother?«, fragte sie.

Ob ich meine Großmutter liebte?

Wie ein Schwall brach es aus mir heraus.

Die Gemeindebausiedlungen, meine Kindheit ohne Vater, die Brille meiner Großmutter Cristina, deren Gläser so dick wie der Boden einer Flasche waren. Alles das. In einem Berufsschulenglisch, das nach Vergeltung schrie.

Sie wirkte jedoch ganz beglückt.

So beglückt, dass sie mir gleich noch eine Frage stellte.

Sie fragte nach meinem Heimatdorf.

Doris Lessing fragte einen Pizzabäcker, wie er Casola fand.

Ich kratzte meine letzten vier englischen Wörter, die ich noch auf Lager hatte, zusammen und versuchte, ihr zu beschreiben, dass Casola ein kleines Dorf in der Romagna sei, an einer Schutzmauer gelegen, hinter der es dreißig Meter senkrecht zum Fluss Senio hinunterging.

»Casola is a little town in Romagna, the most beautiful land in Italy, except Mussolini. Is a little town on the …« Und hier wurde mir bewusst, dass ich noch nicht einmal das englische Wort für Fluss kannte.

Erstaunlicherweise war mein Kopf an diesem Tag voller Synonyme. Selbst für komplexe Ausdrücke wie »Mauer, hinter der es senkrecht zum Fluss hinuntergeht«.

»Casola is a little town on the canyon«, sagte ich. Sie stutzte.

»Canyon?«, fragte sie nach.

»Canyon, canyon«, bestätigte ich, glücklich darüber, dass ihr Mund vor Staunen noch immer halb offen stand.

Wer weiß, was sie sich darunter vorstellte, welche Art von »Canyon« sie im Kopf hatte. Vielleicht einen wie in »Der Herr der Ringe«. Möglich wäre es.

Sicher ist nur, dass dieses Bild absolut keinerlei Ähnlichkeit mit der Befestigungsmauer von Casola oder dem Flussufer des Senio hatte. Ich war dennoch zufrieden mit mir.

Zwar war mir das Büffet durch die Lappen gegangen, doch zumindest war es mir gelungen, für den Bruchteil einer Sekunde das Bild eines magischen Casola vor ihren Augen aufblitzen zu lassen.

Ein Casola, das so in Wirklichkeit vielleicht nicht existiert, aber in meinen Augen.

Dann fuhr ich nach Hause.

Wenige Wochen später fiel mein Blick während der Arbeit zufällig auf den Fernseher, den wir in einer Ecke der Pizzeria stehen haben.

Es liefen die Spätnachrichten, und man sah eine ältere Dame gefolgt von einem Mikrofon, die, einen Korb in der Hand, gerade vom Einkaufen kam.

»Dieses Halstuch kenne ich doch«, rutschte es mir heraus.

Ein Journalist fragte Doris Lessing, wie sie sich jetzt fühle.

Sie hatte soeben erfahren, dass ihr der Literaturnobelpreis verliehen werden würde.

Ich rannte nach unten in die Bar und überließ die Pizzas, die ich gerade hatte fertig machen wollen, ihrem Schicksal.

In der Bar saßen die üblichen vier Stammgäste.

Jeder Romagnolo, der etwas auf sich hält, hat einen Freund, der wiederum einen echten Promi kennt, mit dem er in der Bar angeben kann.

Erlaubt ist jede Art von Promi, ausgenommen Loris Capirossi, der aus dem vier Kilometer entfernten Borgo Rivola stammt und den hier alle kennen, seit er ein Kind ist.

Jahrelang galt in Casola die ehemalige Grundschullehrerin Signorina Buganè, Tante von Massimo d'Alema, als *der* Promi schlechthin.

Ab und an kam Massimo d'Alema nach Casola, um sie zu besuchen; immer seine Personenschützer im Schlepptau. Einmal kam er sogar auf einen Aperitif in die »Bar di Sopra«. Er setzte sich neben Giorgio il Ciabattino, der ihm zehn Minuten lang von seiner Lieblingsfußballmannschaft, dem AC Casola, vorschwärmte, der ständig in der zweiten Liga herumkrebste.

Mein Onkel Antonio kam extra aus der Pizzeria nach unten, um ihn zu begrüßen.

»Abgeordneter d'Alema!«, rief er.

Massimo d'Alema war damals italienischer Ministerpräsident. Er blickte meinen Onkel an, zog eine Augenbraue hoch und ließ sie wie eine Guillotine wieder fallen.

Nun gut, das hatte es also mit unseren Promis auf sich.

Bis zu jenem Tag galt Leoncino Braga beim Promipunktesammeln als ungeschlagener Favorit, denn er wird für immer in die Annalen eingehen als der Fahrer jenes Lkw, den man in einer Szene von Antonionis Film *Die rote Wüste* drei Sekunden lang im Hintergrund von Monica Vitti vorbeifahren sieht.

Glaubte man Leoncino, verstand er sich ganz prächtig mit dem Regisseur.

Ich rannte also an jenem Tag siegessicher die Treppe hinunter.

Wer würde es schon mit Doris Lessing aufnehmen können?

»Wer von euch Schwätzern hat jemals mit einem Nobelpreisträger geredet?«, fragte ich selbstsicher.

Und tatsächlich.

Alle Anwesenden hoben die Hand.

Dann fiel es mir wieder ein.

1986 war Dario Fo in Casola gewesen, anlässlich unseres Theaterfestivals für Kinder »Casola è una Favola«. Damals hatte er auch der Bar einen Besuch abgestattet.

»Ach, schert euch doch alle zum Teufel«, knurrte ich beleidigt und kehrte mit gesenktem Kopf an meinen Pizzaofen zurück, dahin, wo ich hingehörte.

SCHICKSAL

Anders als viele bin ich nicht der Auffassung, dass Italien derzeit in einer Krise steckt. Vielleicht wurde ich ja am falschen Ort geboren, aber den Begriff »Krise« verbinde ich mit Bombardements, die deine Heimat dem Erdboden gleichmachen, oder SS-Truppen, die auf ihrem Rückzug Brücken zum Einsturz bringen und plündern, was ihnen nur unterkommt.

Ich denke bei dem Wort »Krise« an ganze Familien, die in unbeheizte Heuschober evakuiert wurden, und an Mütter, die Mäuse kochten, um ihren Kindern etwas zu essen geben zu können.

Ich denke an meinen Nachbarn Aldmiero Rontini, Gott habe ihn selig, der nach zwei Jahren Arbeitslager nach Hause zurückkehrte. Seine Verlobte erkannte ihn nicht gleich wieder mit den sechsunddreißig Kilo, die er noch wog, und knallte ihm die Tür vor der Nase zu.

All das verbinde ich mit dem Wort »Krise«.

Und Italien ist von einem solchen Szenario weit

entfernt. Das gehört glücklicherweise zur Vergangenheit.

Italien hat ganz einfach entschieden, wohlgenährt zugrunde zu gehen.

Solange der Großteil der Jugendlichen sich Handys im Wert von 600 Euro leisten kann, sind wir von einer Krise weit entfernt.

Solange der Großteil der Autos, die man herumfahren sieht, über 30 000 Euro wert ist, kann man wohl nicht von Krise sprechen.

Und solange man jahrelang unter den jugendlichen Arbeitslosen nach einer Aushilfskraft für die Pizzeria suchen muss und niemanden findet, weil niemand bereit ist, am Wochenende zu arbeiten, so lange herrscht alles andere als Krise.

Am Wochenende wird ausgegangen, und es ist nicht zumutbar, eine Arbeit anzunehmen, die es einem nicht erlaubt, abends mit Freunden feiern zu gehen.

Italien hat sich also dafür entschieden, wohlgenährt und einen Aperitif schlürfend zugrunde zu gehen.

Die größte Enttäuschung im Laufe meiner Karriere als Pizzabäcker musste ich erleben, als wir endlich doch jemanden gefunden hatten, der bereit war, meinem Onkel in der Pizzeria auszuhelfen, wenn ich selbst mal nicht da war.

Es war ein junger Mann, der in Casola aufgewachsen war. Während der Zeit, die er für uns arbeitete, verloren wir viele unserer Gäste.

Wir fragten uns, woran das wohl liegen mochte. Vielleicht war etwas mit dem Teig, dass er plötzlich nicht mehr schmeckte? Oder war mit dem Ofen etwas nicht in Ordnung? Die Zutaten waren doch dieselben wie immer.

Schließlich fanden wir den Grund heraus.

Viele unserer Gäste kamen nicht mehr, weil der junge Mann, der uns aushalf, Sohn albanischer Einwanderer war.

Er war schon als Kind nach Casola gekommen, seine Muttersprache war Italienisch, er träumte auf Italienisch; sein einziger »Makel« bestand darin, dass es in seinem Vor- und Nachnamen ungewöhnlich viele Konsonanten gab.

Man sah in ihm den Albaner, und für einige Gäste war es inakzeptabel, sich eine Pizza von einem Albaner servieren zu lassen.

Vielleicht sahen sie darin etwas Demütigendes oder fanden, das sei ihrer Herkunft unwürdig.

Diese Tatsache hat mich tief verletzt, denn sie hat mir in Erinnerung gerufen, wie sehr ich diesen Beruf gehasst hatte und wie viel Zeit zwischen meinen anfänglichen Ängsten und meiner heutigen Liebe zum Pizzabacken vergangen war.

Schlimmer noch: Ich hatte mich sogar dafür geschämt, ein Pizzabäcker zu sein.

Die Wahrheit ist, dass das Pizzabacken immer mehr zu jenen Tätigkeiten gehört, welche die Italiener nur allzu gern den Einwanderern überlassen.

Würden unsere Arbeitslosen zum Beispiel die Pflege von alten oder kranken Menschen übernehmen, würde sich die Arbeitslosenquote von heute auf morgen halbieren.

Aber dafür gehen ja die Wochenenden drauf. Und der schöne Aperitif.

Lange Zeit war ich der Überzeugung, dass der Beruf des Pizzabäckers geringgeschätzt würde, dass die Gäste mich bemitleideten, weil sie glaubten, ich könne nichts anderes.

Als die meisten noch gar nicht wussten, dass meine Bücher veröffentlicht wurden, empfand ich beim bloßen Anblick einer Teigkugel Übelkeit.

Ich gehörte an einen anderen Ort, meinte ich, einen Ort, der meiner Herkunft eher entsprach, wo es vielleicht einen Aperitif gab.

Mit der Zeit habe ich jedoch begriffen, dass der Ofen vor meiner Nase nicht einfach vier aufeinandergestapelte Steinblöcke waren, in denen man Pizzas backen konnte.

Dieser Ofen, den ich den Großteil meines Lebens als Erwachsener tagein, tagaus vor Augen hatte, konnte nicht nur Pizzas backen (oder natürlich auch verbrennen), sondern formte auch meinen Charakter.

Er half mir, die bescheidene Existenz, die ich mir neben dem Leben an der Computertastatur aufgebaut hatte, nicht gleich wieder zunichtezumachen.

Mein Charakter und die italienische Mentalität, Romagnolo noch dazu, trugen dazu bei, dass ich mich in Situationen, in denen ich etwas ganz ordentlich hingekriegt hatte oder mir etwas Schönes passiert war, wie ein Truthahn aufplusterte und die eigentlich wichtigen Dinge links liegen ließ.

Vieles in meinem Leben, auch in meinem Privatleben, habe ich durch meine unverbesserliche Oberflächlichkeit, meine Nachlässigkeit und meine unbezähmbare Rastlosigkeit ruiniert.

Beim Aufschreiben fällt mir auf, dass diese Begriffe einen fast romantischen *touch* bekommen, die Schwächen eines Antihelden sozusagen.

Die nackte Wahrheit ist jedoch, dass ich ein feiges Arschloch bin.

Sobald die Dinge gut laufen für mich, nehme ich sie als selbstverständlich hin, werde nachlässig und widme ihnen nicht mehr die nötige Aufmerksamkeit.

Ich frage mich ständig, ob ich nicht doch etwas anderes machen oder ausprobieren sollte.

Ob nicht irgendwo vielleicht noch etwas Besseres auf mich wartet.

So in etwa, als würde ich eine Pizza im Ofen vergessen, weil ich mir in den Kopf gesetzt habe, in der Zwischenzeit schon mal die nächste Ladung fertig zu machen. Irgendwann erinnere ich mich dann wieder an die Pizza im Ofen, aber da ist sie längst hinüber.

Meine Nachlässigkeit ist schuld daran, dass ich schon eine Menge Pizzas habe verbrennen lassen.

Und viele andere schöne Dinge verheizt habe.

Ich hatte immer Angst, das Geschichtenschreiben könnte mir ebenfalls eines Tages abhandenkommen.

Indem ich mich für etwas ganz Tolles hielt, nur weil es Menschen gibt, die sogar bereit sind, dafür zu zahlen, dass sie meine Geschichten lesen können.

Zu meinem Glück aber ist der liebe alte Pizzaofen noch immer an meiner Seite.

Wenn du im August vor dem Ofen stehst und dir achtzig Grad ins Gesicht wehen, während die Gäste in der rammelvollen Pizzeria zu nörgeln anfangen, weil sie etwas länger warten müssen, kommt dir nicht eine Sekunde lang in den Sinn, du könntest etwas ganz Tolles sein, nur weil du es hinkriegst, einige Buchstaben aneinanderzureihen.

Der Ofen war meine Rettung.

Er hat meine Sicht auf die Dinge geformt und mir den Blick frei gemacht auf das, was ich bin, war und immer sein werde: ein Junge vom Land, der oft träge sein mag, aber immer gearbeitet hat. Ein Landei, das einfach Dusel hatte und die richtige Dosis an Dummheit, um seine bescheidene Leidenschaft zu pflegen, aus reinem Vergnügen und dem Gefallen daran, immer besser zu werden.

Ich weiß nicht, wie viel ich als Schriftsteller tauge.

In wirtschaftlicher Hinsicht gewiss nur wenig, und in literarischer – keine Ahnung, das zählt eigentlich auch nicht. Wahrscheinlich genauso wenig.

Was ich allerdings sicher weiß, ist, dass ich ein Pizzabäcker bin, auf den man sich verlassen kann, und dass ich als Schriftsteller nie die Sache verraten habe.

Ich habe mich entschieden, nicht wie alle anderen wohlgenährt zugrunde zu gehen.

Nicht etwa, weil ich mir das schuldig wäre, nicht weil ich besser wäre als alle anderen.

Sondern weil ich es Aldmiero Rontini und seinen sechsunddreißig Kilo schulde, ebenso wie meinem Großvater, der mit einem zwanzig Jahre alten Gewehr und Schuhsohlen aus Pappe in Griechenland an Land ging; ich schulde es meinem Heimatdorf

Casola, das vor dem Krieg 8000 Einwohner zählte und 5000 davon durch das Elend der Nachkriegsjahre verloren hat.

Vielleicht werde ich als Lebensgefährte, als Freund, als jemand, auf den man in einer wie auch immer gearteten Beziehung zählen kann, weiterhin versagen – ich hoffe nicht. Aber selbst wenn ich auf elendigliche Art scheitern würde: Als Pizzabäcker und Geschichtenerzähler, der die Selbstständigkeit gewählt hat, als Sprachrohr der Menschen, die keine Stimme haben, weil ihnen niemand je das Schreiben beigebracht hat oder sie an Orten leben, von deren Existenz nur wenige wissen – darin habe ich nie versagt.

Ich habe noch nie jemanden getäuscht.

Und werde nie jemanden täuschen.

Dank des Pizzaofens.

Dank der Hitze der Flammen.

Mit dem Pizzabacken verhält es sich ähnlich wie mit der Liebe, oder nicht?

Und jemanden zu lieben unterscheidet sich nicht so sehr vom Zubereiten einer Pizza.

Es braucht Hingabe und ständige Achtsamkeit, ohne dabei die Freude zu verlieren.

Erst jetzt ist mir das klar geworden.

Melanie Gideon

Liebst du noch,
oder lebst du schon?

Wie ich die Liebe zurück in meinen Alltag brachte

300 Seiten, btb 71340
Aus dem Englischen von Frauke Brodd

Jetzt mal ehrlich … Dieses Buch ersetzt die beste Freundin!

Würden wir uns nur endlich trauen, anderen jene Fragen
zu stellen, die uns wirklich interessieren! Vielleicht wüssten
wir dann besser, was wirklich zählt im Leben. Liebe ich
meinen Mann überhaupt noch? Ist es schlimm, wenn es mir
besser geht, wenn die Kinder nicht zu Hause sind? Wann
ist meine Leidenschaft auf der Strecke geblieben? Und gibt
es sie noch, die süßen Geheimnisse in meinem Leben?
Schonungslos ehrlich und zugleich urkomisch beschreibt
Melanie Gideon ein Jahr in ihrem Leben, in dem sie sich
diesen Fragen stellte. Ein Jahr, in dem sie um ein Haar alles
über den Haufen geworfen hätte. Um am Ende festzustellen,
dass Leidenschaft und Liebe oft ganz woanders zu finden
sind, als dort, wo wir sie suchen …

»Als ich das Buch zuklappte, fühlte ich mich, als hätte ich
gerade ein paar Stunden lang Drinks mit einer unglaublich
witzigen Freundin gekippt!«
New Yorker

btb

Fabio Geda

Der Sommer am Ende des Jahrhunderts

Roman

325 Seiten, btb 74935
Aus dem Italienischen von Christiane Burkhardt

**Ein Junge, sein Großvater und die heilende Kraft
der Erinnerung.**

Der Tag, an dem der 12-jährige Zeno den größten
Wolfsbarsch seines Lebens fängt, verändert alles. Denn an
diesem Tag wird bei seinem Vater eine lebensbedrohliche
Krankheit diagnostiziert. Zeno muss den Sommer in
Norditalien beim Großvater verbringen, den er gar nicht
kennt. In dessen Geschichte spiegeln sich die Tragödien des
zu Ende gehenden Jahrhunderts. Ein berührender Roman
über das starke Band zwischen den Generationen und die
heilende Kraft der Erinnerung.

»Eine leidenschaftlich erzählte italienische Familiengeschichte.«
NDR Kultur

Vom Autor des Bestsellers »Im Meer schwimmen Krokodile«

btb

Mikael Bergstrand

Der 50-Jährige, der nach Indien fuhr und über den Sinn des Lebens stolperte

416 Seiten, btb 71357
Aus dem Schwedischen von Sabine Thiele

**Frauen suchen nach dem Sinn des Lebens,
Männer stolpern darüber ...**

Sich hängen lassen und in Selbstmitleid baden:
diese Tugendenden hat Göran Borg, Werbetexter aus Malmö,
perfektioniert. Als er nach seiner Scheidung auch noch den
Job verliert, kommt er von der Couch nicht mehr herunter.
Zeit für etwas Neues, denken seine Freunde und überreden
ihn zu einer Reise nach Indien. Doch ist das wirklich eine
gute Idee?

Der Nummer-1-Besteller aus Schweden!

btb